LA PRISE DE DAMIETTE

EN 1219.

LA

PRISE DE DAMIETTE

EN 1219

RELATION INÉDITE EN PROVENÇAL

PUBLIÉE ET COMMENTÉE

PAR

Paul MEYER

Extrait de la *Bibliothèque de l'École des chartes,*
Tome XXXVIII

PARIS

F. VIEWEG, LIBRAIRE-ÉDITEUR

RUE RICHELIEU, 67

1877

(*Tiré à 100 exemplaires, dont cinquante mis dans le commerce.*)

LA PRISE DE DAMIETTE

EN 1219.

RELATION INÉDITE EN PROVENÇAL.

I. — Description du manuscrit.

Entre les documents mis en réserve pour être insérés à leur ordre dans le *Recueil des Historiens des croisades*, publié par l'Académie des Inscriptions et Belles-Lettres, se trouve un fragment provençal contenant un récit, jusqu'à ce jour inconnu, du siége et de la prise de Damiette par les croisés en 1219. Découvert parmi des résidus appartenant à la Bibliothèque de l'Arsenal, il avait été signalé et communiqué par l'un des conservateurs de cette bibliothèque, M. P. Lacroix, à notre confrère M. Sainte-Marie Mévil, auxiliaire attaché aux travaux de la commission des croisades, qui en prit copie. M. Mévil mourut en juin 1869[1]. Je lui succédai dans l'emploi d'auxiliaire de l'Académie, et je trouvai sa copie dans les papiers de la commission des croisades qui me furent alors confiés. Telles sont les circonstances qui m'ont permis de connaître ce précieux document dont je ne soupçonnais même pas l'existence.

Les membres de l'Académie chargés de la publication des Historiens occidentaux des croisades, MM. H. Wallon et Ad. Regnier, considérant qu'un laps de temps considérable doit s'écouler avant le moment où les historiens des croisades du XIIIe siècle pourront être mis sous presse[2]; que, d'autre part, il conviendrait que l'édition

---

1. Voy. la notice publiée dans la *Bibl. de l'Éc. des ch.*, 6e série, V, 365, par M. L. Delisle.

2. Le tome IV, dont le texte entier est imprimé, contient Baudri, Guibert et Albert d'Aix-la-Chapelle, et n'épuise point la série des historiens de la première croisade.

princeps du précieux fragment de l'Arsenal fût exécutée selon un système qu'il n'est guère possible d'adopter dans le recueil des Historiens, ont bien voulu m'autoriser à publier à ma volonté le document copié jadis par M. Mévil pour l'Académie.

Le ms. de l'Arsenal, d'où il est tiré, consiste en un cahier in-fol. (37 cent. sur 26) de 4 feuilles ou feuillets doubles à deux colonnes par page, et à 53 lignes par colonne. L'écriture, franchement méridionale, ressemble à celle du ms. toulousain les *Leys d'amors*[1], sauf qu'elle est un peu moins haute, plus carrée, plus régulière, et, selon toute apparence, un peu plus ancienne; je l'attribuerais aux premières années du xive siècle. Ce cahier a dû être, à un certain moment, plié en deux dans le sens de la longueur. Dans cette situation, un rat l'a attaqué du côté du pli, et s'en est nourri, rongeant de l'extrémité supérieure en allant vers le centre, sur une longueur de dix centimètres. Mais, comme le pli, fait naturellement par le milieu des feuillets, suivait l'espace blanc ménagé entre les deux colonnes, ce rongeur n'a réellement pas fait trop de dommage au texte, eu égard aux dimensions du morceau qu'il a consommé. L'échancrure faite au cahier forme un triangle, dont le plus petit côté (au haut du cahier) a 10 centimètres, et chacun des deux autres côtés 115 mill. Mais une bonne partie du parchemin absorbé était blanc : la marge supérieure, où l'échancrure a la plus grande largeur, a trois centimètres de hauteur, et le blanc entre les colonnes, là où le rat a principalement rongé, est large de deux. Il ne manque aux premières lignes que quelques syllabes, et la perte se réduit bientôt à quelques lettres. Après la 12e ou la 13e ligne, et souvent même après la 8e ou la 9e, le texte est intact.

Dans ces conditions, il ne doit pas être impossible de restituer avec un haut degré de probabilité ce qui manque à chaque ligne. C'est ce que j'ai tenté de faire. Pour mettre le lecteur en état de contrôler mes essais de restitution, j'ai reproduit les colonnes du ms. ligne pour ligne, faisant imprimer en italiques les mots ou fragments de mots rétablis[2]. C'est une disposition qui n'eût guère été à sa place dans le Recueil des Historiens; aussi M. Mévil avait-il fait sa copie à lignes pleines, marquant par des points les lacunes, arrangement

---

1. Voy. le fac-simile qui accompagne le premier volume de l'édition.

2. La typographie peut donner une idée assez exacte de la place que tiennent les mots dans le ms., grâce à cette circonstance qu'il ne s'y trouve que fort peu d'abréviations.

qui ne permet pas au lecteur de se faire promptement une idée nette de leur étendue. Placé dans des conditions qui me permettaient de faire autrement, j'ai renoncé à me servir de cette copie, qui, malgré un certain nombre d'erreurs bien excusables chez un érudit qui n'était pas spécialement provençaliste, est faite avec l'exactitude et le soin consciencieux que notre regretté confrère apportait à tous ses travaux.

Parlons maintenant du contenu de ce cahier.

Les quatre feuilles dont se compose le ms. ne forment point un cahier complet. Il est très-probable que le cahier se composait originairement de six feuilles. Les deux qui nous manquent en occupaient le centre. En effet, le récit historique qui est l'objet principal de la présente publication s'arrête court au bas du verso du folio 4 (c'est-à-dire au milieu du cahier), et au folio 5 nous trouvons la fin d'un ouvrage tout différent, la lettre bien connue du prêtre Jean. Nous pouvons apprécier approximativement ce qui manque au récit historique (voir p. 545 note 2), et l'étendue de la lettre du prêtre Jean nous est connue par les nombreux textes qui nous en sont parvenus. Or, ce qui manque dans notre manuscrit à ces deux textes est suffisant pour occuper les deux feuillets absents. La perte de ces feuillets, dont le contenu est connu d'ailleurs, est médiocrement regrettable. Ce qui est véritablement à déplorer, c'est l'absence du cahier précédent, où se trouvait le commencement de l'histoire de l'expédition de Damiette, jusque vers le mois de février 1249.

La fin de la lettre du prêtre Jean occupe la presque totalité de la première colonne du cinquième feuillet. Immédiatement après commence la fable de Peire Cardinal, *Una ciutatz,* qui remplit toute la seconde colonne et, au verso, les premières lignes de la troisième[1]. Le

1. Raynouard, *Choix,* IV, 366; *Parn. occit.* p. 321. Cette pièce n'a été rencontrée jusqu'à présent que dans trois recueils : Bibl. nat. fr. 854, f. 174 (et dans l'autre exempl. du même chansonnier, fr. 12473, f. 159); fr. 15211, f. 89; ms. d'Urfé, f. 136. Le sujet de cette pièce, sinon la pièce elle-même, paraît avoir été répandu au Midi. Le troubadour G. de Montanhagol y fait allusion dans sa pièce *Non estarai per home quem casti* (*Archiv* de Herrig, XXXIII, 298, et XXXV, 455) :

> Com'al savi fon ja, que[s] sap triar
> De la ploja quels autres enfolli,
> Per que lui sol teniol fol per fat
> Tro qu'en viret son sen ab lor foudat
> Et anec s'en e l'aiga ad enfollir.

En outre, le même sujet paraît avoir été traité en portugais; voy. Milá y Fontanals, *Trovadores* en *España,* p. 507, note.

reste du cahier est occupé par une liste des évêchés du monde chrétien, répartis par provinces, un certain nombre d'entre eux étant accompagnés de leur taxe annuelle exprimée en florins. C'est un document d'origine romaine dont on connait plusieurs exemplaires. J'y reviendrai tout-à-l'heure.

J'ignore comment ce fragment de ms. a pû arriver à la Bibliothèque de l'Arsenal. Tout ce que je puis affirmer, c'est qu'il a passé par les mains de Sainte-Palaye, qui a écrit au recto du feuillet 5, en regard de la poésie de P. Cardinal, cette note : « Voyez une autre copie de « cette pièce dans mon Recueil des Poe. Pro. Ms. G 956. » Le ms. G désigne, dans les copies faites pour Sainte-Palaye et conservées à la Bibliothèque de l'Arsenal, le célèbre chansonnier d'Urfé, maintenant Bibl. nat. 22543 (anc. La Vall. 14).

Pour compléter cette notice, je vais transcrire, ligne pour ligne, le morceau subsistant de la lettre du prêtre Jean, et donner une rapide analyse de la liste des provinces ecclésiastiques qui occupe la fin du cahier.

(fol. 5)

el sera encara le pus sobira re*ys de tota la*
terra; el palaytz aura tanta de *vertut que si hom*
entrara dedins, essia tot famu*lens, el sera man-*
-tenent aysshi repletz cum si el av*ia manjat*
de totas las bonas viandas del *mon. E*
quan mos payres fo esvelhat *el fo mot*
esbayt. E non per so, el comandec q*uel pa-*
laytz fos fayt. E sapiatz quez el es m*agnifi-*
cament obrat : los murs defora son de *la..*
-ses e de dyamans e de sardoynes al mela..
mescladas de cristal, e dedins es fayt de
saffirs e d'estopassis entreliatz essemps ;
et es fayt a la semblansa del cel e de las
estelas ; el paviment es d'ebori e de matistas
e de bericles liadas essemps ; e la cobertu-
-ra es de fin aur trastota obrada ricament
ab totas las melhors peyras preciosas
que sian en nostra terra. E aquest pala-
-ytz sosteno .l. columpnas d'aur fi, e cascu-
-na columpna a d'aut .xxx. coydes. Et en
cascu angle del palaytz a una columpna
d'aur de .lx. coydes d'aut, esson grossas
de sotz, e van assotilhan desus. E totz
los capitels de las columpnas son saffirs.
Et en tot lo palayt non a porta porta (*sic*) ni

fenestra, mas tant solament una porta
don hom intra; car hom y ve aitant
clar co sil solelh intres dedins; et es tant
clar per las peyras preciozas que ysson.
E nos tenem nostra cort en est palayt,
e portal[1] nostra corona, aysshi es, al jorn de
Nadal e a Pascas e a l'Acensio e a Penta-
-costa. E per aquest .iiij. terminis de l'an te-
-nem nostra cort e portam nostra coro-
-na. E sapiatz que .lx. cavaliers francx
e .c. servens ben armatz gardan aquest
palayt. E sapiatz be de veritat que tot
so que nos vos mandam de nostra cort
e de nostre esser e de nostra terra e de totz nostres
affars es ayssi vers cum vos crezetz que
Dieus es el cel et en terra, .j. Dieu en .iij.
personas, e si es .j. Dieu solament; aysi cer-
-tanament cum vos cresetz, ayssi es cert tot
so que nos vos mandam. Sel Dieu vos
sal que viu e regna in secula seculorum, amen.

Il n'y a pas lieu, à l'occasion de ce court fragment, de faire des recherches sur les différentes traductions françaises et provençales de la célèbre lettre du prêtre Jean. Il faudrait d'abord que les divers textes latins qu'on en possède eussent été classés, travail qui n'est pas encore fait[2]. Je ne saurais même décider si le texte de l'Arsenal est traduit du latin ou du français. Tout ce que je puis affirmer, c'est qu'il ne paraît pas être traduit directement du texte latin qu'on rencontre le plus ordinairement, et dont voici la partie qui correspond aux premières lignes du texte provençal rapporté plus haut :

Bibl. nat., *lat.* 2342, *fol.* 192 *v*o[3] : Dictum est namque ei in somnis : Fac palatium filio tuo qui nasciturus est tibi, qui etiam rex regum terrenorum et dominus dominantium universe terre erit; et habebit illud palatium a Deo sibi talem graciam collatam quod nullus unquam ibi esuriet; nullus infirmabitur, nullus etiam intus existens poterit mori in

1. *Corr.* portam.

2. M. Zarncke, professeur à l'Université de Leipzig, qui a déjà publié plusieurs mémoires sur l'histoire du prêtre Jean (voy. *Revue critique*, 1875, art. 63, et 1876, art. 12) et en prépare de nouveaux, abordera vraisemblablement cette question.

3. J'ai aussi sous les yeux le ms. lat. 3803. Tous deux sont de la fin du xiiᵉ siècle.

illa qua intraverit die. Etsi validissimam famem quis habuerit, et infirmaretur quis ad mortem, si intraverit palatium et steterit ibi per aliquam morulam, ita exiet satur ac si de centum ferculis comedisset, et ita sanus quasi nullam infirmitatem in vita sua habuisset. Mane facto (quasi deus [1]), pater meus [2] perterritus surrexit de tanta visione et precepit fieri palatium, in compositione cujus non sunt nisi lapides pretiosi et aurum optimum liquatum pro cemento. Celum ejusdem, id est [3] tectum ejusdem, est de lucidissimis saphiris, et preclarissimi topazii passim sunt interpositi, ut saphiri ad similitudinem veri et serenissimi celi, et topazii in modum stellarum, palatium illuminent.

À tout le moins, doit-on convenir que la traduction est assez libre. En français, il a dû exister plus d'une version de la lettre du prêtre Jean; on en peut tout d'abord reconnaître au moins deux [4] : celle qui se trouve dans les mss. les plus anciens, notamment dans le ms. Bibl. nat. fr. 4963 (anc. 9634 de l'ancien fonds), qu'a publié Jubinal à la suite de son Rutebeuf [5]; l'autre, dont on a plusieurs mss. et qui a été plusieurs fois imprimée à la fin du xve siècle [6]. Voici quelques lignes de l'une et de l'autre: on verra que notre texte provençal ne dépend d'aucune des deux :

Bibl. nat. fr. 4963, *fol.* 212.—Dont jou vous di que une vois d'oume vi(u)nt a mon pere ançois que je fusse nés, ki li dist : Fai .j. palais pour ton enfant ki est a venir; car il sera li plus grans rois crestiens des autres rois; et cil palais avra tele vertu de Dieu que, ki sera dedens, il ne finera ja tandis com il i soit; et se aucuns i entre ki ait fain, il sera ausi raemplis coume s'il avoit assés mengiet. Issi fu parlet a mon pere, et quant mes peres s'esveilla,	*Le Monde enchanté,* p. 203. — Et sachez que je fuz sanctifié avant que je feusse né, car Dieu envoya a mon pere un ange, lequel luy dist qu'il fist ung palais qui seroit de la grace de Dieu chambre de paradis pour ton enfant qui est a venir, car il sera le plus grand roy terrien de tout le monde, et vivra longtemps, et qui sera au palaix n'aura fain ne soif ne pourra mourir. Et quant mon pere se esveilla de son dormir, il eut grant joye et

1. *Ces deux mots raturés dans* 2342.
2. Pater meus *omis dans* 3803.
3. Et, *au lieu de* id est, *dans* 3803.
4. La seconde pourrait bien n'être qu'un remaniement de la première.
5. 1re édition, II, 454-70; 2e édition, III, 356-75. C'est le ms. qui contient Philippe Mousket. — La même version est contenue dans les mss. fr. 834 (xive s.), 1553 (daté de 1285), 24431 (xiiie siècle), ces deux derniers incomplets de la fin.
6. Réimprimée par M. F. Denis : *le Monde enchanté*, Paris, 1843, pp. 185-205, et par Gratet-Duplessis, en appendice à *La nouvelle Fabrique des excellents traits de verité*, 1853, Bibliothèque elzévirienne.

il fu moult (*sic*) esbahis de la vois k'il avoit oïe, et tantost coumanda que li palais fust ꝯmenciés et que li ouvrier i fusent mis. Et si fu labourés par defors de cristal, et li palais par dedens de pieres precieuses labourées a or, et desus labourées de saphirs en samblance de ciel et de toupasses en maniere d'estoiles, et li pavemens de cristal[1].

commença le palaix tel comme vous orrez.

Premierement les paroys sont de cristal et la couverture de dessus est de pierres precieuses, et par dedens est aourné d'estoilles en semblance de celles des cieulx, et le pavement est cristal.

On connaissait déjà une traduction provençale de la lettre du prêtre Jean : elle a été mentionnée par Raynouard à la table qui termine le t. V du *Lexique roman* (p. 606 *a*), et se trouve dans le ms. fr. 6115 de la Bibliothèque nationale (anc. 10535 de l'ancien fonds). C'est un ms. du xvᵉ siècle, en papier, qui a appartenu à Peiresc. Cette version est très-différente de la nôtre ; elle dérive certainement d'un autre texte, comme on pourra s'en convaincre par la lecture du court extrait qui suit :

Bibl. nat. fr. 6115, *fol.* xxxx vᵒ. O Cassideus, leva ti e fay far .j. palays per ton filh premier nat, car nessessari es a el ; car el sera de tota la terra rey dels reys e senhor dels senhors. Aquel pallays ha tanta de vertut de la part de Dieu que tota persona que aqui intrara aquel jorn non sera malautz ni aura fam ni set ; en lo qual ha .j. font de mot bona hodor, e ha aytal sabor en si que aquel que en beu li es semblant que beva ho manye qualque causza quel cor li digua melhor ; tota bona hodor dona....

La liste des évêchés qui commence au fol. 5 *c*, à la suite de la fable de P. Cardinal, et qui occupe les feuillets 6 à 8, est un document dont il existe de nombreux exemplaires, par exemple Bibl. nat. lat. 4331 (xvᵉ siècle) et 17522 (xivᵉ siècle) ; Musée Britannique, Arundel 220 fol. 266-76, addit. 19513 fol. 138-41[2], 24057 fol. 56-62 (tous trois du xivᵉ siècle) ; Worcester, Bibliothèque du Cha-

---

1. Fr. 834. « Si fut fait et laborez per dehors de cristal et per dedens de pierres precieuses ; et per dessus fut laborez de saffirs en semblance de ciel et de topaces entrasices en semblance d'estoiles, et le pavement fut fait de grans tables de cristal. » — Musée brit., 20. A. XI, fol. 144 vᵒ : « ... qe le paleis fu fet, laboré dehors de cristal e dedeinz de autre peres preciouses, e desus de saphir e de topaz entreliez ensemble a la semblaunce du ciel et des esteiles, le paument (*sic*) de cristal. »

2. Voy. sur ce ms. *Romania*, 1, 385.

pitre, in-fol. n° **38** (xive siècle). C'est ce qu'on appelait un *provincialis* ou *provinciale*[1]. Ces listes, lorsqu'elles sont de dates différentes, ne peuvent manquer de présenter des variantes plus ou moins considérables, puisqu'elles visent à donner une sorte d'état administratif de la chrétienté au temps où elles ont été faites.

La liste du ms. de l'Arsenal est précédée de ce singulier prologue que je n'ai rencontré en aucun autre exemplaire :

Non curamus villas et opida scribere, set tantummodo civitates sub quibus castra sunt et quasi caverne serpentum pressidia pessimorum. Romá enim, ut legitur, non habet a gentibus destrui, sed in se ipsa discordiis litibusque marceri.

L'ordre est celui-ci : Rome et l'Italie, la Dalmatie, l'Istrie, l'Esclavonie, la Hongrie, la Pologne, l'Allemagne, la Livonie et la Prusse, la Bourgogne, la Provence, la France (sous cette rubrique, les provinces ecclésiastiques de Sens et de Reims), la Normandie (provinces de Rouen et de Tours), la Bretagne, le duché d'Aquitaine (provinces de Bourges et d'Albi), la Gascogne (province de Bordeaux), la *Vasconia curta* (province d'Auch), la *Gothia sola* (province de Narbonne), la province de Toulouse, la Catalogne et la Navarre. Là finit le cahier. Le dernier nom inscrit est celui de Lerida, écrit par erreur *Serdeñ* au lieu d'*Ilerdeñ*. La réclame, au bas du cahier, a été grattée. Il manque donc par conséquent le reste de l'Espagne, le Portugal, l'Angleterre, les pays scandinaves et l'Orient. Peut-être y avait-il aussi, comme dans le ms. lat. 4331, une deuxième partie contenant la liste alphabétique des siéges métropolitains et diocésains, et, sous chaque siége, l'énumération des abbayes qui en dépendent. Cette seconde partie occupe dans le ms. 4331 les feuillets 20 à 84, et se retrouve isolée dans le ms. 4331 A.

La liste de l'Arsenal comprend les siéges créés par Jean XXII. En terminant, je relève, en tête de la province de Milan, cette rubrique où le rédacteur n'a pas cherché à dissimuler ses sentiments à l'endroit des Lombards :

Lombardorum gens impia, sibi contraria, Deo detestabilis et proximo odiosa, que doctrina seculari hereticos et usurarios imbuit [ut?] in posterum alienigenarum creb[r]is incursibus attere[re]tur.

Le fragment de l'Arsenal n'a été compris jusqu'à ces derniers

---

1. Cette dénomination se trouve dans les exemplaires du Musée et dans celui de Worcester.

temps dans aucun classement ni enregistré dans aucun catalogue. C'est pourquoi je n'ai pu lui assigner de cote lorsque j'en ai publié un extrait dans mon *Recueil d'anciens textes* (partie provençale, n° 34). Tout récemment, dans le nouveau classement des mss. de l'Arsenal qu'opère en ce moment M. L. Larchey, il a reçu le n° 5991.

Parlons maintenant de Damiette.

II. — Aperçu des sources historiques de l'expédition de Damiette.

Pour arriver à donner une juste idée de la relation provençale de l'expédition de Damiette, il convient d'abord de présenter quelques observations sur les autres récits que nous avons du même événement. Il n'entre pas dans mon plan d'écrire un mémoire en forme sur les sources historiques de la cinquième croisade. Outre qu'une telle entreprise m'éloignerait trop de mes études habituelles, je m'exposerais à traiter médiocrement un sujet qui doit prochainement être étudié avec une compétence très-supérieure à la mienne, pour la Société de l'Orient latin, par un savant que ses travaux sur l'histoire des croisades ont fait avantageusement connaître, M. Rheinhold Rœhricht. Mais je ne puis me dispenser d'apprécier, au moins sommairement, les récits qui nous sont parvenus de l'expédition de Damiette, parce qu'il n'existe chez nous aucun livre où le lecteur puisse se renseigner sur la formation et sur la valeur relative de ces récits. L'histoire des croisades, en effet, est l'une des parties de notre histoire nationale que nous avons le moins étudiées. La faute en est pour une très-grande part à ce qu'un mauvais livre qui jouit encore de la faveur du public, a été en France un réel obstacle à la composition de nouveaux travaux sur l'histoire des croisades. Ce mauvais livre est celui de Michaud, auquel on ne saurait reconnaître ni supériorité dans les vues d'ensemble, ni critique dans l'usage des sources historiques. Ce que pouvait valoir le style de Michaud il y a cinquante ou soixante ans, je ne saurais le dire, mais je sais bien qu'au point de vue des faits son exposition est constamment vague et confuse, et souvent erronée. Particulièrement en ce qui concerne l'expédition de Damiette, il se montre également incapable de combiner les récits contemporains, et d'établir la suite chronologique des événements. Wilken lui est ici, comme sur tous les points, incomparablement supérieur, et peut encore maintenant servir de point de départ à des études spéciales sur telle ou telle croisade.

Les relations de quelque importance de l'expédition de Damiette qu'on a connues jusqu'à présent peuvent se grouper sous quatre chefs :

1° La relation d'Olivier l'écolâtre.

2° La relation de « Joannes de Tulbia » contenue dans le ms. Harléien 108 (Musée Britannique) et qui a été insérée dans le *Memoriale Potestatum Regensium*.

3° Les lettres de Jacques de Vitri.

4° L'*Eracle*.

1. OLIVIER, écolâtre de Cologne, qui mourut en 1227 cardinal-prêtre de Sainte-Sabine, fut non-seulement témoin oculaire des événements de la cinquième croisade, mais il y joua un rôle important, bien qu'il ne le laisse pas voir[1]. Sa relation est d'une grande importance. Elle se présente sous différentes formes dont la succession a été récemment établie par M. Zarncke dans un travail[2] dont je ne puis donner ici qu'un très-court résumé. Le fond de l'ouvrage se compose de deux lettres écrites par Olivier à ses amis de Cologne. La première conduit le récit jusqu'à la prise de la tour du Nil (25 août 1218), la deuxième jusqu'à la prise de Damiette (5 novembre 1219). Les deux lettres existent séparément; la première se trouve dans un manuscrit de Wolfenbüttel, la seconde a été imprimée trois fois, notamment par Bongars, *Gesta Dei per Francos*, p. 1185-92.

Ces deux lettres, réunies et pourvues d'une continuation jusqu'à la prise de Tanis (fin de novembre 1219), ont formé l'ouvrage publié par Th. Gale, *Historiæ Britannicæ Scriptores*, II, 435, sous le titre de *Historia captionis Damietæ*.

Une seconde continuation mène le récit jusqu'au mois de juillet 1220. L'ouvrage ainsi continué a été ajouté par les modernes (Gretser, puis Bongars) à l'*Historia orientalis* qu'avait laissée inachevée Jacques de Vitri, et s'est trouvée ainsi attribuée à cet auteur[3]. Je cite ce texte d'après Bongars, *Gesta Dei per Francos*, 1129-45.

Enfin, une dernière édition conduit le récit jusqu'en septembre

---

1. C'est lui surtout qui contribua par ses talents d'ingénieur à la prise de la tour du Nil, ce que nous savons principalement par une lettre de Jacques de Vitri. Martène, *Thesaurus*, III, 292, cf. *Hist. litt.* XVIII, 24.

2. *Ueber Oliver's* Historia Damiatina *und das sog. dritte Buch der* Historia orientalis *des Jacob von Vitry*, dans les comptes-rendus de l'Académie des sciences de Saxe, classe philosophique et historique, 1875, p. 138-48.

3. La question qu'on s'est posée bien des fois, au sujet de ce prétendu troisième livre de J. de Vitry, et qu'on résout généralement par une accusation de plagiat contre l'auteur de l'*Historia orientalis* (voy. p. ex. *Hist. litt.* XVIII, 242-3), ne devait donc pas même être posée.

1222. C'est celle qu'a publiée Eccard, *Corpus historiæ medi ævi*, II, 1393-1450.

Je cite généralement les deux textes contenus dans la collection de Bongars. Les lignes y sont numérotées, ce qui permet de citer avec précision.

2. JOHANNES DE TULBIA (Ms. Harléien 108) ; le *Memoriale Potestatum Regensium*. — Le *Memoriale* a été composé à la fin du XIIIe siècle [1]. La relation de l'expédition de Damiette qui y est incorporée offre l'apparence d'un récit ancien, pouvant émaner d'un témoin oculaire. Le ms. Harléien 108 (XIVe siècle), qui jusqu'ici n'a été, que je sache, signalé par personne [2], permet de constater que l'apparence répond à la réalité. En effet, le récit qui s'y trouve, aux folios 34 v°-40 v°, sous ce titre *De domino rege Jerusalem*, n'est autre chose qu'une copie, médiocre il est vrai et probablement abrégée par places, mais néanmoins très-précieuse, de la relation incorporée dans le *Memoriale*. Ce qui fait le prix de cette copie, c'est d'abord que, si en plusieurs passages elle est écourtée, en d'autres au contraire, surtout vers la fin, elle offre un texte plus complet que celui du *Memoriale* ; c'est encore et surtout qu'elle nous a conservé le nom de l'auteur de la relation qui se nomme, immédiatement après avoir raconté la prise de Damiette (fol. 39 v°) en ces termes :

Et vos omnes qui legitis et intellegitis (*sic*) hanc hystoriam, pro anima presbiteri JOHANNIS DE TULBIA orate, qui hoc composuit et ibi fuit, et quecumque contigerunt Christianis scripsit et denotavit.

Ce « Johannes de Tulbia » m'est inconnu. Je laisse à M. Rœhricht le soin de déterminer son origine. Il écrivait en vue de l'édification. Il le fait bien voir, lorsque vers la fin de son récit il apostrophe ainsi ceux à qui on le lisait (fol. 39) : « Unde vos, Christiani, qui histo-« riam auditis Damiete, Christum flexis genibus adorate, et bonam « fidem atque puram in ipsum habete, qui tantam victoriam dedit « Christianis in hiis temporibus. » Et il le montre mieux encore par les miracles et visions dont il a farci sa narration. Néanmoins, son rapport est sur bien des points le plus détaillé que nous possédions.

3. JACQUES DE VITRI. — Les lettres de Jacques de Vitri relatives à l'expédition de Damiette sont au nombre de six, dont cinq adressées

1. Muratori, *Rerum Italicarum Scriptores*, VIII, 1071.
2. Je l'ai eu entre les mains pour la première fois en avril 1871. M. Riant le connaissait, et a fait copier la relation de Damiette, qui sera publiée par M. Rœh-richt pour la Société de l'Orient latin.

au pape Honorius. De celles-ci les deux premières se rapportent aux événements de 1218 et par conséquent ne peuvent servir à contrôler la relation provençale, qui dans son état actuel ne commence qu'au passage des croisés sur la rive droite du fleuve, au commencement de février 1219. La troisième a été écrite entre la bataille du 29 août et la prise de la ville. La quatrième célèbre l'entrée des chrétiens dans Damiette et donne quelques détails rétrospectifs sur les négociations tentées par les Sarrazins et sur la bataille du 29 août[1]. La cinquième[2], datée de l'octave de Pâques (5 avril) 1220[3], se rapporte à des événements postérieurs à la prise de la ville. Elle contient un curieux passage dont j'aurai plus loin à faire usage, sur une prophétie arabe à laquelle J. de Vitri accordait une foi entière. La sixième[4] est adressée à Jean de Nivelle et à d'autres religieux belges. L'*Histoire littéraire* qui en donne l'analyse (XVIII, 216) ne s'est pas aperçue que cette lettre, sauf les phrases de la fin[5], est identique à la quatrième des lettres au pape Honorius.

4. ERACLE. J'appelle ainsi, pour plus de brièveté, la chronique d'outremer qui fait suite en certains mss. à la traduction de Guillaume de Tyr[6], et qui est imprimée dans le second volume du *Recueil des historiens occidentaux des croisades*. Malgré les travaux des éditeurs et de M. de Mas Latrie, et malgré mes propres recherches, je ne réussis pas à concevoir une idée nette de la formation de cette chronique. Elle contient des parties de valeur très-diverse. Je ne doute pas que certaines portions au moins du récit de l'expédition de Damiette émanent de témoins oculaires. Elle donne de très-précieux détails sur la retraite de l'armée de secours, le 5 février 1219, sur la position des machines de siège, sur la bataille du 29 août, mais la chronologie y laisse à désirer.

---

1. Ces quatre lettres dans Martène, *Thesaurus*, III, 287-386.
2. D'Achery, *Spicilegium*, 1re édition, VIII, 373-83; 2e édit. III, 590-4.
3. Non pas de l'année 1219 comme l'ont cru D'Achery et l'*Histoire littéraire* (XVIII, 216).
4. Bongars, *Gesta Dei per Francos*, 1146-9.
5. Ces phrases de la fin sont, dans la lettre à Jean de Nivelle des compliments et des renseignements sur quelques amis communs, dans la lettre au pape des notes statistiques sur la garnison de Damiette qui se retrouvent aussi à la fin d'une lettre de Gilles de Lewes; voyez la note sur la ligne 529 de la relation provençale.
6. Cette traduction (voy. *Histor. occident. des crois.* I, 1) commence ainsi : « Les anciennes estoires dient que Eracles..... »

III. — Relation provençale.

« Relation provençale » est le terme dont je me sers pour désigner le récit du ms. de l'Arsenal, parce que nous ne le possédons, à ma connaissance du moins, qu'en provençal. Mais je ne suis pas convaincu qu'il ait été originairement rédigé en cette langue. Le fait n'est pas impossible, parce que nous savons par un passage de l'*Eracle* qu'il y avait des Provençaux au siége de Damiette[1]. Mais cette relation, comme les autres, a dû être écrite par un clerc — la fin, qui est celle d'un sermon, confirme cette conjecture — et par suite il est naturel de supposer que l'original était en latin. Ce n'est pas le seul cas où une version en langue vulgaire nous aura conservé un document historique précieux.

Toutefois, ce n'est là qu'une conjecture, et ce n'est pas la seule qu'on puisse former. Il ne serait nullement impossible, en effet, que la relation, tout en ayant un clerc pour auteur, eût été écrite originairement en français. Mais, que l'original ait été en latin ou en français, il me semble probable que le texte qu'a eu sous les yeux le traducteur provençal était un texte français, soit original, soit traduit du latin. Entre les divers motifs qui me conduisent à cette conclusion, le plus valable m'est fourni par un nom propre. Le duc d'Autriche Léopold VI est appelé duc d'*Ostielriche* (lignes 60 et 166); on ne peut voir dans cette forme autre chose qu'une sorte d'étymologie populaire de la forme ordinaire *Osteriche*, comme si le sens avait été « hôtel riche ». Or *ostiel riche* est français, et un provençal, s'il avait eu l'idée de la même étymologie, aurait dit *ostal ric*. Je suis donc porté à croire que notre traducteur provençal a eu sous les yeux un texte français, ce qui se peut admettre tout en laissant entière la question de savoir si l'original était en français ou en latin.

Notre relation, qui ne dépasse pas la prise de Damiette (5 novembre) a dû être rédigée aussitôt après cet événement, au temps même où Olivier écrivait sa seconde lettre[2]. Elle est l'œuvre d'un homme

1. *Histor. occid.* II, 337. C'étaient probablement des Provençaux de la Provence proprement dite, du comté de Provence, parce qu'en 1218 et 1219 le reste du Midi de la France n'était guère en situation d'envoyer un contingent outre mer.

2. Voy. plus haut p. 506.

attentif et bien informé, chez qui le désir de produire l'édification n'étouffe pas le bon sens, et qui sait se tenir en garde contre ces contes merveilleux dont « Joannes de Tulbia » orne son récit. La partie qui nous manque est considérable : on peut l'évaluer à bien près de la moitié de l'ouvrage. Avec cette première moitié ont disparu l'adresse, le prologue, et probablement le nom de l'auteur. Je ne sais si de plus habiles pourront trouver dans ce qui nous reste des indices suffisants pour déterminer, sinon l'auteur, au moins sa patrie. Tout ce que je puis dire, procédant par voie d'élimination, c'est qu'il n'était pas italien : l'énergie avec laquelle il flétrit la couardise des Romains, Lombards et Toscans (lignes 386-94) ne me paraît pas laisser de doute à cet égard. Il n'était sans doute pas non plus de la suite du cardinal Pélage dont il parle assez peu. S'il avait été en rapports fréquents avec celui qui fut véritablement, et pour le malheur des chrétiens, le chef de la croisade, il nous eût donné sur l'entrée des gens du légat dans la ville (lignes 559 et suiv.) des détails plus circonstanciés, que du reste nous avons d'ailleurs[1]. Le soin qu'il prend de nous dire que ni le roi (Jean de Brienne) ni les barons n'étaient informés du dessein du légat, et quelques autres traits épars çà et là, me conduisent à penser que l'auteur de notre relation était un chapelain attaché soit au roi Jean, soit, plus probablement, à quelqu'un des seigneurs français, peut-être à Gui de Gibelet, qui est mentionné à propos d'un accident assez peu important, à la ligne 544, et dont la présence au siége de Damiette n'est d'ailleurs connue que par un passage de l'*Eracle*[2] où nous voyons ce personnage prêter au duc d'Autriche 50,000 besans[3].

Quoi qu'il en soit, la relation provençale a une valeur considérable. Elle prendra place désormais, à côté d'Olivier, entre les sources les plus importantes de l'histoire de l'expédition de Damiette. Je me borne ici à cette appréciation générale qui sera, je l'espère, suffisamment justifiée par le commentaire que j'ai joint au texte.

Au récit de l'expédition de Damiette est annexée la traduction d'une prophétie arabe qui, dans la pensée du chrétien qui la fit traduire,

---

1. Voir le commentaire, note sur la ligne 559.

2. *Histor. occid.* II, 332.

3. On peut voir sur Gui de Gibelet l'article assez confus des *Familles d'Outre-mer* de Du Cange, p. 321-3. A la table de cet ouvrage les divers Guis de Gibelet du XIIe au XIVe siècle sont mêlés les uns avec les autres de la façon la plus inextricable.

annonçait la prise de Damiette et finalement la destruction du paganisme. Cette prophétie — dont la fin a disparu avec les deux feuillets qui occupaient le centre du cahier[1], — n'est pas inconnue; elle se rencontre sous une forme assez différente en divers mss. des chroniques d'Outre-mer, et a été publiée dans le tome II des *Historiens occidentaux des croisades*, p. 515-9. Dans le texte français elle est intitulée : « la prophecie le fil Agap[2], » dans le texte provençal : « le pensamentz e la prophetia d'Annan lo filh Isahac. » Du reste les deux textes, quoique différant assez notablement, surtout vers la fin, se ressemblent assez pour qu'en certains endroits j'aie pu faire servir le français à l'interprétation du provençal. Ce sont deux versions différentes d'une même prophétie, remontant, sinon à deux textes arabes différents, au moins à deux traductions latines bien distinctes d'un même texte arabe. Je ne connais point de texte latin de cette prophétie, mais la différence du texte français et du texte provençal est une raison de croire qu'il a dû en exister au moins deux.

Quand a été faite cette prophétie? Les éditeurs du tome II des *Historiens occidentaux des croisades* (p. 515, note) disent à ce sujet : « D'après les événements auxquels elle fait allusion et que nous avons « pu reconnaître, elle paraît avoir été écrite vers 1240, pendant la « lutte acharnée que se livraient les princes musulmans de Damas « et d'Égypte. »

Il est de règle en effet, en bonne critique, de placer la composition des prophéties à la date des derniers événements qu'elles annoncent; mais cette règle n'est applicable qu'autant que les événements annoncés se laissent déterminer avec certitude, ce qui n'est guère ici le cas. Je ne distingue rien qui se rapporte clairement à 1240. Les allusions à peu près intelligibles qu'on peut relever dans notre prophétie ne descendent pas plus bas que le commencement du règne de Jean de Brienne, et telle semble avoir été l'opinion du chroniqueur français, qui, après avoir traduit ou transcrit « la profecie le fil « Agap », en présente une explication partielle où il ne fait entrer aucun fait postérieur au xiie siècle[3].

Il me semble en effet que cette prophétie a dû être composée au plus tard dans les premières années du xiiie siècle. Il y a eu, au xiie siècle et au commencement du xiiie, beaucoup de moments où un

---

1. Voy. ci-dessus, p. 499.
2. Voy. ci-dessous, p. 541, note.
3. *Histor. occid. des crois.* II, 519.

visionnaire sarrazin a pu, sans un très-grand effort d'imagination, annoncer à ses compatriotes l'invasion d'armées d'outre-mer et des malheurs sans nombre : il n'y a guère, après les succès de Richard et de Philippe-Auguste, qu'un instant où une telle prophétie a pu avoir du succès, c'est celui où les Sarrazins se voyaient sur le point de perdre Damiette, et où le soudan faisait aux Chrétiens, même après les avoir battus, des propositions de paix très-favorables. C'est précisément à cette époque que quelques témoignages très-précis nous font connaître la découverte d'une prophétie arabe, aussitôt accueillie avec enthousiasme par les chrétiens, et qui me semble avoir été pour le fond identique à celle dont le ms. de l'Arsenal et les chroniqueurs d'outre-mer nous ont conservé deux rédactions.

Le plus intéressant de ces témoignages est celui de Jacques de Vitri qui, dans sa lettre du 5 avril 1220, nous fait savoir que l'année précédente un livre jouissant d'une grande autorité parmi les Sarrazins était venu entre ses mains. Dans ce livre, composé jadis par un astrologue appelé par les Sarrazins « le grand prophète », était prédit combien de temps devait durer la loi sarrazine, et comment, ayant été fondée par le glaive, elle devait aussi périr par le glaive. Je cite ce qui suit :

Prophetavit insuper quanta mala Soldanus facturus esset Christianis, et qualiter, ante destructionem gentis Paganorum et exterminium legis eorum, regnum Hierosolymitanum cum multis regnis aliis propriæ subjiceret ditioni. Inde vero, non tanquam vaticinando, sed quasi historiam ordinate describendo, de recuperatione civitatis Acconensis et de his quæ in exercitu regum Franciæ, Angliæ et aliorum occidentalium principum acciderunt, apertissime retulit, ac si propriis oculis aspexisset. Addidit insuper, sicut propriis oculis vidimus, quæcumque usque ad captionem Damiatæ his diebus nobis et Sarracenis variis casibus contigerunt[1].

Le crédule évêque d'Acre poursuit en affirmant sa foi en cette prophétie bien qu'émanant d'infidèles, et il conclut en disant que, pour venir d'adversaires, un témoignage n'en a que plus de force[2].

1. D'Achery, *Spicilegium*, nova ed., III, 592.
2. J. de Vitri traite ensuite d'un autre livre dans lequel il croit encore découvrir des prophéties relatives aux luttes des chrétiens et des musulmans, en son temps, mais ce livre, dont il donne le titre (*Revelationes Beati Petri apostoli, a discipulo ejus Clemente in uno volumine redactæ*), est un apocryphe originairement grec qui n'a rien de commun avec notre prophétie arabe. On possède cet apocryphe, qui est d'une très-basse époque, en syriaque et en arabe. Voy.

Olivier l'écolâtre nous offre, en deux des textes de sa relation[1], un témoignage non moins détaillé :

Ante captionem Damiatæ, liber nobis aparuit, arabice scriptus, cujus auctor se Judæum vel Christianum vel Sarracenum fuisse negat in illo[2]. Quisquis autem ille fuerit, prædixit mala quæ Soldanus populo Christiano crudeliter intulit in destructione Tiberiadis, in victoria quam de Christianis habuit, quando regem Jerusalem et principes ejus captivos duxit, civitatem sanctam possedit, Ascalonem destruxit, et quomodo conabatur Tyrum comprehendere, sed non profecit, et alia multa quæ peccata temporis illius meruerunt. Prædixit etiam destructionem hortorum palmeti[3] Damiatæ civitatis, quam factam vidimus, quando librum hunc per interpretem inspeximus. Addit etiam Damiatam a Christianis fore capiendam. Soldani nomen non ponit, nisi per nigros oculos et crocea vexilla ipsum designat[4]. Insuper prædixit quendam regem Christianorum Nubianorum, Mecham civitatem debere destruere, et ossa Machometi pseudoprophetæ dispersa prejicere, et quædam alia quæ nondum evenerunt, sed, si completa fuerint, ad exaltationem Christianitatis et depressionem Agarenorum evenient.

Le légat du pape fut très-frappé de cette prophétie. Il la fit traduire, et la répandit en Orient. Écoutons la chronique d'Aubri de Trois Fontaines :

Post captionem Damiete quedam inventa est prophetia in templo Sarracenorum litteris Chaldeis scripta, quam D. Pelagius ..... in latinum fecit transferri et misit Romam domno pape..... In hac prophetia astronomica multa continebantur de hiis que preterita sunt in Terra promissionis; de Noradino, de Salahadino, de captione Jerusalem, de duobus regibus Philippo Francie [et] Richardo Anglie qui Acram recuperaverunt, de subversione Ascalonis, et de multis aliis jam factis in Terra promissionis, et quod, anno .29. ab Acra recuperata, capienda esset a Christianis Damieta, et de Pelagio cardinali multa ibi nota-

Bibliothecæ Bodleianæ codic. manuscr. orient. Catalogi, 2ᵉ partie, t. I (rédigé par A. Nicoll), p. 49, et les *Addenda*, p. 504 ; cf. J.-E. Grabe, *Spicilegium SS. Patrum* (1714), I, 76, qui cite le passage de J. de Vitri, et Hilgenfeld, *Novum Testamentum extra canonem receptum* (1866), IV, 77.

1. Bongars, 1141-34 ; Eccard, II, 1416.

2. Si le texte est correct il exprime un fait assez étrange. L'auteur de cette prophétie est partout ailleurs représenté comme musulman.

3. *Hortorum et palmarum*, Bongars.

4. « Et aprez celui regnera uns honz qui portera une jaune baniere, et avra les iex noirz » (*Histor. occid.* II, 516). Les yeux noirs manquent dans la rédaction de l'Arsenal, voy. l. 717.

bantur que forte aliter se habuerunt. Hujusmodi enim prophetia, licet in aliquibus verum dicat, in multis tamen decipit. Notabatur etiam in illa prophetia quod a parte orientali debet venire quidam rex qui vocabitur nomine David, et a parte occitentali debet venire alius rex qui terram Sarracenorum usque Jerusalem destruet[1], et quod mense Julio deberet fieri bellum apud Kayrum in Egypto inter Sarracenos et Christianos[2].

On voit par cette citation que la foi en prophétie n'avait pas tardé à baisser. C'est qu'en effet cette folle croyance avait, disait-on, entraîné le cardinal Pélage à entreprendre, contre l'avis de tous, une expédition qui devait se terminer par un irréparable désastre[3].

IV. — Les premières phases du siége de Damiette jusqu'au moment où commence la relation provençale.

Je suppose le lecteur au courant des faits principaux de l'expédition de Damiette. Je me borne à rappeler brièvement la situation topographique de Damiette et les événements qui précèdent le moment où commence notre fragment.

L'ancienne Damiette est située sur la rive droite d'une branche du Nil, qui coule dans la direction du N.-N.-E., et à trois kilomètres environ de son embouchure[4]. A deux kilomètres en amont de la ville un ancien canal, d'abord en partie obstrué, mais bientôt rendu navigable par les travaux des croisés[5], va du fleuve à la mer en se dirigeant vers le N.-O. L'île formée par ce canal, le fleuve et la mer

1. Ces deux rois, dans le second desquels on croyait reconnaître l'empereur Frédéric II, sont empruntés au deuxième des livres prophétiques indiqués par Jacques de Vitri; voy. ci-dessus, p. 512, n. 2, et la fin du texte cité à la note suivante.

2. Pertz, *Script.* XXIII, 910.

3. *Chronicon Turonense* (Bouquet, XVIII, 300) : « Movebat eum (Pelagium) « præcipue liber quidam ab ipso inter manubias hostium repertus, in quo conti- « nebatur quod lex Machometi sexcentis annis tantummodo duraret, menseque « junio expiraret, et quod de Hispaniis veniret qui eam penitus aboleret; et ideo « legatus, qui de Hispania natus erat, illum librum verissimum æstimabat. Ex « alia parte Acconensis episcopus (*J. de Vitri*) publice prædicabat quod David « rex utriusque Indiæ ad Christianorum auxilium festinabat, adducens secum « ferocissimos populos, qui more belluino Sarracenos sacrilegos devorarent. »

4. La nouvelle Damiette, fondée en 1250, est située un peu plus haut, sur la même rive.

5. Voy. Reinaud, *Extraits des historiens arabes relatifs aux guerres des croisades*, 1829, p. 395-6.

pouvait avoir une superficie de sept à huit cents hectares. C'est là que les croisés s'établirent le 29 mai 1218. Ils se tenaient donc sur la rive gauche du fleuve, ayant la ville en face d'eux, à l'est, et étant protégés contre une armée de secours par le fleuve même et par le canal ci-dessus mentionné. Derrière eux ils avaient la mer qui assurait leur ravitaillement [1]. La position était excellente pour la défensive, mais moins bonne pour l'offensive, puisque le fleuve les séparait de la ville qui était leur objectif. Ils ne pouvaient pourtant s'établir sur la rive droite en aval de la ville, parce que la proximité du lac Menzaleh ne leur laissait pas un espace suffisant, et ils ne pouvaient non plus s'établir en amont, la rive droite ayant été bientôt occupée, entre Damiette et le village d'Adelyah (à quelques kilomètres au sud de la ville) par l'armée de Malec el Camel.

1. Le meilleur moyen de se rendre compte de la situation de la ville et des positions respectives des croisés et de l'armée sarrazine venue au secours de la ville, est naturellement de consulter une carte détaillée. On peut recommander celle qui est jointe au t. VI de l'Histoire des croisades de Wilken (*Karte der Umgegend von Damiette*). La carte générale du t. I des *Historiens occidentaux des croisades*, et la carte dressée par M. Longnon pour l'expédition de saint Louis à Damiette, dans le Joinville (édition Didot) de M. de Wailly, sont à une échelle trop petite, et ne marquent pas le canal, qui est un élément important. Il n'y a non plus rien à tirer de la carte qui accompagne le récit de Michaud. La meilleure carte de cette contrée est, je pense, celle qui fait partie de l'atlas de la commission d'Égypte par le colonel Jacotin (feuille 41), mais le canal, comblé depuis longtemps, n'y figure pas non plus.

Sur le lieu où s'établirent d'abord les croisés de 1218 nous trouvons de précieux renseignements chez les historiens de la première expédition de saint Louis, qui prit terre en cette même île, et y séjourna quelque temps. Il y a notamment pour cette expédition un récit jusqu'ici trop peu apprécié, qui est une merveille de précision et de clarté, incomparablement supérieur, par conséquent, à la narration confuse et décousue de Joinville. C'est le récit anonyme qui a été imprimé par Michaud, puis par M. Fr. Michel (dans son édition de Joinville) sous le titre très-impropre de lettre de Jean Sarrazin, et dont un meilleur texte se trouve dans les *Historiens occidentaux des Croisades*, II, sous le titre de « continuation de « Guillaume de Tyr, dite du ms. Rothelin » (cf. l'*Essai de classification des continuateurs de Guillaume de Tyr*, de M. Mas Latrie, *Bibl. de l'Éc. des ch.*, 5, I, 162-4, ou *Chronique d'Ernoul*, 546-8). Voici ce qu'on y lit au sujet de l'île où débarqua saint Louis trente ans après Jean de Brienne : « Li roiz, li cardon« naux et la plus grant partie et la plus fors de l'ost estoient logié devant la cité, « outre le pont qui estoit seur le flun du Nil, en celle isle meismes la ou il « estoient arrivez. Il estoient logiez deseur la rive du flun, si que li flunz estoit « entre l'ost et Damiete. C'est l'isle de Maalot (*Mehallé*), qui est devant Damiete « de l'autre part du flun, et plantureuse de mout de bienz. Li rois et li Crestien « estoient la endroit logié ou sablon » (*Hist. occid.*, II, 595).

La première opération des croisés eut pour objet une tour qui rendait impraticable toute entreprise contre la ville. Cette tour était placée en face Damiette dans le milieu du fleuve, commandant entièrement le passage, et l'interdisant à volonté au moyen de chaines qui aboutissaient à chacune des deux rives [1]. Après une attaque infructueuse à la fin de juin 1218, les croisés réussirent, au prix d'efforts prodigieux, à s'en emparer le 25 août suivant.

Peu après, à la fin de septembre [2], arrivèrent de nombreux croisés avec les cardinaux Pélage et Robert de Courson. « Li cardenals Robiers i fu mors, et li cardinals Pelages vescui, dont ce fu grans damage et mout il fist de mal, » dit un chroniqueur [3]. Et en effet,

1. Voy. Wilken, *Geschichte der Kreuzzüge*, VI, 187, note 15.
2. Wilken, VI, 214, note 16.
3. *Chronique d'Ernoul et de Bernard le Trésorier*, éd. de Mas Latrie, p. 417.
Le mécontentement qu'excita la mauvaise direction donnée par le légat aux opérations se manifeste en bien d'autres textes. Ainsi Guillem Figueiras :

> Roma, be sapchatz
> Que vostr' avols barata
> E vostra foldatz
> Fetz perdre Damiata.
> (Raynouard, *Choix*, IV, 311.)

Guillaume, dans le *Besant de Dieu*, a une page très-énergique sur la perte de Damiette (éd. Martin, v. 2513 et suiv.). En voici quelques vers :

> Il i out trop, ceo est la fin,
> Des fiz Achor le fiz Carmin,
> Car trop i ont des coveitos
> Qui mult furent plus curios
> 2545 De l'or embler et retenir
> Que de la besoigne fornir.
> Por un legat qui governot
> L'ost des crestiens et menot,
> Ceo dit aucun en verité
> Perdimes nus cele cité.

Dans la pièce *des prelaz qui sont or endroit* il est dit des cardinaux :

> Tant par sont plain de covoitise
> Et de tout panre sont si aigre
> Que le gras vuelent et le meigre,
> Et les croutes et la miete.
> Bien i parut a Damiette.
> Li chardonaus, li ronge Diex,
> La nous toli : ce fu granz diex.
> (Jubinal, *Nouv. rec.*, II, 322.)

Dans la Complainte de Jérusalem :

> De Damiete sont saisi
> Par le legat nostre anemi.
>
> . . . .
> . . . .

malgré ces renforts, les opérations furent dès lors conduites avec
mollesse et indécision. La division s'était mise entre les chefs. Pélage
prétendait au commandement que Jean de Brienne était peu disposé
à lui céder. Il finit néanmoins par l'exercer en fait, et y déploya une
incapacité mémorable. Pendant ce temps Malec el Camel se fortifiait
sur la rive droite et construisait un pont de bateaux, en amont de
l'endroit où le canal communiquait avec le fleuve, et par là inquiétait
les croisés du côté du sud [1].

Cependant, au commencement de février 1219, le cardinal-légat fit
proclamer par le camp qu'on se préparât à l'attaque. La préparation,
cette fois comme en d'autres occasions pendant la campagne, con-
sista essentiellement en un jour de jeûne qui fut fixé au 2 février.
Le lendemain on devait traverser le fleuve et assaillir les Sarrazins
sur la rive droite. L'opération, interrompue le 3 février par un
violent orage, fut reprise le 5, et réussit au delà de toute espérance
par suite d'un événement imprévu. Deux ou trois émirs, l'un
desquels était Eimad ed-Din Ahmed Ibn el Mechtoub, fils de l'émir
Seïf ed-Din Ali Ibn Ahmed el Mechtoub qui avait défendu Acre
contre Philippe-Auguste et Richard Cœur de Lion, formèrent un
complot dont le but était de déposer le sultan d'Égypte Malec el
Camel. Le complot fut découvert : toutefois le sultan, inquiet,
se retira pendant la nuit à Tanis, et ses troupes, apprenant son
départ, se débandèrent, si bien que les croisés, à leur grande

> Bien a li legas rout le pan
> De le cote le roi Jehan,
> Si que jamais n'iert recosus.
> Porcachié a par son engan
> Ke Damiete est al Sodan.
>
> . . . .
> . . . .
>
> Or escoutés comfaitement
> Li cardonaus vendi no gent,
> Jo le vos dirai a briés mos :
> A Coradin prist parlement,
> Et conferma par sairement
> Ke il li renderoit les nos ;
> Et il le fist, bien dire l'os.
> Rome en doit bien avoir mal los,
> Quant si fait traïtor consent.

(Jubinal, *Lettres sur quelques-uns des mss. de La Haye*, p. 65, 66, 71; Stengel,
Codex Digby 86, p. 106, 110, 116.) — Selon l'usage du moyen âge, et comme
c'est encore le travers des esprits peu cultivés, on voyait convoitise et trahison
là où il n'y avait qu'imbécillité naturelle.

1. Wilken, VI, 213.

surprise, trouvèrent le camp de leurs ennemis abandonné. Tel est du moins, le récit des historiens orientaux [1] dont se rapprochent assez, comme on le verra plus loin aux notes, celui de l'*Éracle*, et notre relation provençale. C'est en effet précisément à cet événement que commence, au milieu d'une phrase, le fragment de l'Arsenal, dont je vais maintenant donner le sommaire.

V. — Sommaire de la relation provençale.

Dissentiment entre l'émir Eimad ed-Din Mechtoub et le soudan Malec el Camel. L'armée de secours s'éloigne abandonnant son camp. Les chrétiens occupent les deux rives du fleuve (5 février), de manière à cerner Damiette de toutes parts (39).

Les chrétiens, marchant vers la ville, tuent, chemin faisant, plus de cent Sarrazins. La nuit suivante plus de cinq cents Turcs, des plus considérables, sortirent de la ville. Le lendemain le roi Jean examine les positions, en vue du siége, et le jeudi suivant (7 février) le siége est mis tout autour de la ville (52).

La garnison de Damiette se composait de 45,000 hommes, dont 15,000 chevaliers, les vivres y étaient abondants. Les chefs de la croisade firent construire sur le fleuve un pont de bateaux pour établir la communication entre les deux parties de l'armée. Ce pont (commencé par la rive droite) vint aboutir à une île placée au milieu du fleuve. Trois ou quatre cavaliers auraient pu y passer de front. L'île à laquelle il s'appuyait fut occupée par des Chrétiens qui de là construisirent un autre pont pour la joindre au *sablon* (rive gauche du fleuve) où était l'autre partie de l'armée. La construction de ces deux ponts exigea bien trois semaines pendant lesquelles on n'entendit pas parler du soudan (80).

Quand ils furent bien établis autour de la ville, le Coradin (Malec el Moaddem Cheref-ed-Din, soudan de Damas) vint avec une nombreuse armée s'établir à deux lieues de l'ost (au sud). Les Vénitiens, Pisans et Génois firent un pont sur le fleuve, et disposèrent quatre échelles sur quatre bateaux pour assaillir la ville du côté de l'eau. Aussitôt ces bateaux ancrés près de la ville, les habitants font connaître au soudan le danger qui les menace, en élevant au sommet de leur plus haute mosquée un signal. Les Sarrazins [de l'armée de secours] viennent attaquer la lice qui protégeait le camp des croi-

1. Wilken, VI, 229-31.

sés. Les Chrétiens se défendent vigoureusement tout en attaquant la ville à l'aide de leurs bateaux (117).

Les Sarrazins avaient établi sur leur mur extérieur, à distance de demi-jet de pierre, des échafauds revêtus de cuir. Les échelles des croisés aussi étaient revêtues de cuir, mais les Sarrazins les couvrirent de flèches, qu'ils enflammèrent avec du feu grégeois, brûlant ainsi les échelles avant qu'on eût pu les appliquer au mur, et les bateaux durent se retirer (131).

Les assiégeants avaient fait cinq *chats* afin de remplir le fossé, mais les Sarrazins réussirent à les incendier. Le jour des Rameaux, de grand matin, ils assaillirent les Chrétiens, sachant qu'ils étaient peu nombreux, mais qu'à Pâques il leur viendrait du secours : ils furent repoussés avec perte (155).

Énumération et position des trébuchets et pierrières mis en batterie par les croisés. Ces engins produisent peu d'effet. Ce que voyant, les Chrétiens font un *chat* et un *mouton* pour combler les fossés. Mais le *mouton*, que les Romains étaient chargés de défendre, fut pris et brûlé par les Sarrazins. Le *chat,* également attaqué, fut défendu efficacement, bien que non sans perte, par les gens du roi [Jean de Brienne]. Dieu ne voulait pas que la cité fût prise par d'autres efforts que par les siens (212).

La première semaine d'août, la ville est assaillie de nouveau. Cette fois les échelles placées sur les bateaux sont protégées avec du fer, afin que les traits ne s'y puissent fixer ; mais les Sarrazins s'avisèrent de défendre le sommet de leurs murs par des lices en saillie ayant la longueur d'une lance, de sorte que les échelles ne pouvaient s'appliquer au mur. Ces lices s'étendaient jusqu'à la tour de l'amiral, sur le fleuve (**223**).

Au moment de l'attaque, les Sarrazins du dehors, prévenus par les signaux des assiégés, assaillent le camp des Chrétiens. Les Templiers les repoussent. De nombreuses dépouilles restent aux mains du menu peuple. Les Chrétiens lancent dans la ville les têtes des Sarrazins tués. Leurs échelles, quoique garnies de fer, sont brûlées par le feu grégeois (**247**).

Le lendemain de la bataille du dimanche des Rameaux (1er avril), un vieil émir de haut rang se fit coudre en un cuir pour entrer dans la cité. Le soudan lui en avait assuré la seigneurie, s'il y pouvait pénétrer. On le vit flotter, le matin au point du jour, on le prit et on le mena au roi qui le fit mettre aux fers. Il s'échappa ; mais, comme il s'enfuyait vers la cité, un pèlerin, qui s'était écarté un instant, le tua. Le roi en fut très-affligé, et en fit exposer le corps pendant deux jours, de peur qu'on l'accusât de l'avoir rendu vif aux Sarrazins. Douleur des Sarrazins, qui volontiers auraient racheté le corps pour l'enterrer honorablement (272).

Damiette est en proie à la famine et à une maladie qui attaquait la bouche et les jambes, dont il mourait chaque jour 200 personnes ou plus. Les stratagèmes des Sarrazins, afin de faire entrer quelques victuailles dans la ville, sont déjoués par les Chrétiens qui, à tous les Sarrazins qu'ils peuvent prendre, font arracher les yeux ou la langue ou couper les poings (302). Le soudan essaie d'envoyer ses messages par pigeons. Les Chrétiens réussissent à en saisir quelques-uns par le moyen de leurs faucons (310).

Les Chrétiens tentèrent de nouveau l'escalade des murs avec leurs navires pourvus d'échelles, afin d'amener les Sarrazins du dehors comme ceux de dedans à livrer bataille; mais la force du courant brisa les cordes à l'aide desquelles on devait amener les navires près du mur (349). Alors ceux qui devaient quitter l'armée voulurent, malgré l'opposition du roi et des barons, qu'on allât attaquer le soudan, et le menu peuple s'unit à eux, accusant de lâcheté les chefs de l'armée. On se décida à combattre : Raoul de Tabarie, avec 400 chevaliers et 4000 hommes de pied, fut chargé de la garde du camp, et les autres, après avoir communié et fait leur testament, marchèrent au combat, le jour de la saint Jean Décolasse (29 août). Le Temple, le comte de Gloucester, les Français et les Anglais formèrent l'avant-garde, comme au retour ils formèrent l'arrière-garde (356). Les Romains se laissèrent enlever par les Bédouins la rive du fleuve qu'ils devaient garder. Le roi Jean fit savoir à l'Hôpital qu'il allait charger les Bédouins. Les Romains crurent qu'il battait en retraite et se mirent à fuir, sans que les efforts du cardinal et du légat pussent les arrêter (377). Le menu peuple s'enfuit aussitôt poursuivi par les Sarrazins. Le roi, le comte de Gloucester, le Temple, l'Hôpital, les Français et les Champenois firent l'arrière-garde, marchant au pas, poussés parfois sur les leurs, par la pression des Sarrazins. Ainsi allèrent-ils pendant plus d'une lieue et demie (401).

A l'approche du camp ils se précipitèrent les uns sur les autres dans le fossé placé au devant des lices. Le roi lui-même fut couvert de feu grégeois, et ses couvertures de fer furent toutes brûlées, mais grâce à Dieu on le sauva (416). État des pertes subies par les Chrétiens. Le lendemain les Sarrazins revinrent au camp, pensant avoir ce qui restait des Chrétiens à leur discrétion, mais l'énergique attitude de nos gens leur imposa, et ils s'en retournèrent tout éperdus (460).

Le soudan demanda du secours à son frère et au calife de Bagdad. Après l'octave de la Sainte Croix (21 septembre) le soudan ayant rassemblé toutes ses forces vint se loger tout auprès de nos lices, qu'il tenta de faire incendier avec du feu grégeois. Mais sur ces entrefaites était arrivé Savaric de Malléon avec de nombreux pèlerins (497), et les Sarrazins après avoir tenté l'assaut durant trois jours, et vainement essayé de brûler notre pont, furent obligés de se retirer, et demandèrent trêve (511).

Cependant chez les habitants de Damiette les maladies croissaient: chaque jour il en mourait de deux à quatre cents, et telle était la faiblesse des survivants qu'ils n'enterraient plus les morts, mais les laissaient pourrir là où ils étaient tombés. Les oiseaux de proie, qui se nourrissaient de cette charogne, planaient constamment sur la ville. Les malades ne trouvaient qui leur donnât à manger; et pourtant on avait encore du froment moulu et à moudre, et de beaux et grands mulets (527).

Le soudan choisit 500 hommes forts et hardis qu'il essaya d'introduire dans la ville. Le lendemain de la Toussaint ceux-ci abordèrent le camp des croisés du côté des tentes de monseigneur Gui de Gibelet. On se met à leur poursuite : plus de 100 d'entre eux furent tués, on en prit de 40 à 60, et 60 environ purent entrer dans Damiette. Les Chrétiens firent porter les têtes [de ceux qu'ils avaient pris ou tués] du côté des tentes des Sarrazins, et les corps du côté des remparts de la ville. Douleur des Sarrazins (559).

La veille de la saint Léonard, un mardi avant le jour (5 novembre), le légat à l'insu de tout le monde envoya quelques-uns de ses gens vers la cité, et ceux-ci ayant appliqué leurs échelles à la porte qui donnait sur le fleuve et à la tour que battait le trébuchet des Romains, ils y entrèrent sans coup férir, et après eux le roi, le Temple, l'Hôpital, et tous ceux qui voulurent y entrer. On fit crier par l'armée que tous allassent aux lices, en cas d'attaque de l'armée de secours, et tous obéirent, mais Jésus-Christ ayant, cette même nuit, fait croître le fleuve de trois pieds, il ne fut guère possible aux Sarrazins de secourir la ville, malgré les signaux que faisaient les assiégés réfugiés dans la mosquée (590).

Le soudan avait envoyé 60 Turcs en reconnaissance vers les lices des Chrétiens. Il apprit par eux la nouvelle et pensa perdre le sens (604).

Les Chrétiens, ayant pénétré dans la ville, la trouvèrent encombrée

de morts, au point qu'on n'en pouvait souffrir la puanteur. Ils don-
nèrent répit jusqu'à midi aux Sarrazins qui étaient dans les tours,
et à midi ceux-ci se rendirent (612). On prit dans la ville plus de
4000 Sarrazins, et tant d'or et d'argent qu'aucun de ceux qui avaient
été à la prise de la ville n'eût été pauvre, si le partage avait été fait
à parts égales (616). Détails sur le partage. On trouva d'après les
écrits (états de situation) qu'il n'y avait pas eu plus de 1400 chevaliers
et 42 mille hommes, sergents, arbalestiers et archers, sans les
femmes (636).

Récapitulation des événements du siége (655). Les Chrétiens avaient
déjà fait trois passages [outre mer] avant que Damiette fût prise, et
tous ceux qui quittaient le siége tenaient pour perdus les Chrétiens
qui restaient, et n'avaient pas d'autre motif pour se retirer, sinon
leur propre lâcheté. Mais Dieu n'abandonna pas ceux qui restèrent,
et par sa grâce leur donna Damiette. Pour les âmes de ces Chrétiens,
fidèles et fermes en la foi de Jésus Christ, [pour ces âmes] qui se
séparèrent des corps en ce siége, prions tous le Seigneur de gloire
d'une façon toute spéciale, afin qu'il leur donne « requiem sempiternam ». Et disons tous le « Pater noster ». Cette prise de Damiette
eut lieu l'an de l'Incarnation 1219 (674).

Suit la prophétie.

VI. — Texte de la relation provençale.

per defendre lo flum, mas Dieus *fes levar* (Fol. 1 *a*)
una discordia entre lor, quel souda*ns volc*
quel filh del Mestol intres a Damia*ta per*
garnizon, et el respondec li : « Vos no far*etz*
5 « ges de mi en ayssi cum fezetz de mon pa*yre,*
« cant lo laisestz, vos e l'autre grant hom*e,*
« dinz Acre, et avias li promes e jurat de
« ben acorre, e falhiron l'en ». Adonx si par-
-ti le filh de Mestol del soudan, et anet s'en
10 per maltalent. E lauzengier feron en-
-tendre al soudan qu'el s'en anava al Cai-
-re per garnir lo encontra luy; e per aquela
discordia partit se lo soudans d'aqui .j.
diluns maitin[1], e laysset sas albergas.

( ) *Indique suppression*, [ ] *addition*. — 1. *Ici et l.* 15 *il semble qu'il y ait*
plutôt maitin.

15 El dimars be maitin conogron nostras
gens que li Sarrazin s'en eran fugitz, e pas-
-seron lo flum lo jorn de la sancta Aga-
-tha, e prezeron las albergas dels Sarrazins
e gran re de bela rauba; e agron los jar-
20 -dins a lor plazer, dels quals il avian
gran mestier, que lonc de temps avian
estat el sablon, desirant de viandas fres-
-cas, que totz jorn[z] lor cridavan li Sarrazin
que mangessan del sablo; que sens fal-
25 -ha il avian grant ren perdut d'omes
mortz de malautia de la boca e de mena-
-zon. Pero il troberon la palmareda tota
entiera, de¹ si adaizeron e feron may-
-zos e lopjas e lizas e bertrescas tot en-
30 -torn l'ost ; e non fo lor(s) navilis passatz
que fo bassa nona, car li pontz eran estr-
-egh e cortz, e li Sarrazin avian motz ga-
-statz los passatges, que cant li cavalh
eyssian dels naveis, il avenian en ayga
35 tro als alabartz de las selas; et si trobessan
homes que lor deffendessan (que) lo pas-
-satge, ja neguns non issira ; mas Dieus
lo[r] trames aytals miracles que anc no y
troberon contradich.
40 Quant li Crestian foron passatz, il
cavalgueron vas la ciutat, et au-
-ciseron en lor venir plus de .c. Sarrazins
denant la vila. Aquela nuit vengron
a las alberguas dels Sarrazins, a mieja
45 lega de la ciutat. La nueyt eyssiron de
la ciutat plus de .D. Turcs dels plus autz
homes que y fossan. A l'endeman anet
le rey Johan ab los hautz homes de la
ost redargar la ciutat(z), de qual part se-
50 -ria plus leus a penre, e la nueyt torneron
a lors albergas, et al dijous assetjeron
la vila a la reonda.

---

1. *Corr.* don?

A ras vos diray de la garnizo de la
ᴬvila. *Lo sou*dans y laisset .xlv. milia ho-   (*b*)
55 *mes ar*matz ; d'aquels i avia .xv. milia
*cavalier*s e .xxx. milia gens de comu,
. . . . . . assos et autras viandas asatz.
*Aras au*jatz comsi Jhesu Crist si venguec
d'els, *e* per cal miracle fo preza la ciutat.
60 *Le reys* el duxs d'Ostielriche el Temples
e *l'Espi*tals e li autre baron de la ost
*conselh*eron comsi fezessan .j. pont per miei
*l'ai*ga, don la una ost pogues socorre
*l'*autra si mestiers lor era. E feron
65 *lo* pont endreg .jᵃ. isleta ques era el mi-
-egh del flum, et aquel pont feron de
las barcas que gazanheron a penre la
terra. Le pontz fo fortz e ben estachatz
ab fortz cordas et ab grans anchoras,
70 e fo largs que tres cavalhers o· .iiij. i
pogran passar a front, per obs, totz ar-
-matz, e fo brandatz e batalhatz de grans ar-
-bres denans, que galea ni negus lins
no y pogues avenir lo travers del flum
75 per mal far. E la isleta que era al cap del
pont si lopgeron gran ren de Crestias,
e poys feron .j. autre pont de la isleta
tro el sablon on era l'autra ost ; e passero [els]
.ij. pontz plus de tres setmanhas, que del
80 soudan no sabion novas. E quant li¹ foron ben esforzatz entorn la vila, el sou-
-dans Coradins venc ab gran esfortz de
Sarrazins, e lopjet si pres de l'ost doas
legas, lay on li Crestian estavant sus el
85 toron, quant passeron lo flum. E feiron
.j. pont(z) per mieg lo flum Venecian
e Pissas e Genoes ; e feiron .iiij. escalas
sobre .iiij. coquas per salhir al mur de
la ciutat per miegh lo flum. E cant las

1. *Corr.* il ?

90 cocas foron pres de la ciutat(z) e las an-
-coras, aquil de la ciutat avion mes .j.
coffin sus en la plus auta maomaria
de la vila, en una auta pertega, e colle-
-ron le coffin tro al som, si quel soudas
95 lo pogues ben vezer; et ayso feron per
aver adjutori. Adoncs vengron li Sar-
-razin ab tot lor poder tro en las lisas
del[s] Crestias, et intreron el vallat dels
Crestias a pe et a cavalh, e feron los Cresti-
100 -as issir, et ac i gran ren de cavalhiers
que y dessenderon per defendre las lizas.
Aquel jorn i ac mot tragh e lanssat, que
li nostre avian plus de doa milia alba-
-lestiers e mays d'arquiers. E sapjatz que
105 totas las vegadas quel Sarrazin bro-
-cavon sus els nostres, l'arquier e li arbalesti-
-er lor aucizeron grant gent ; *et anc ne-*
guna gens no s'abandoner*o per la*
mort que fazion li Turc totas *las vega-*
110 -das que venian a las lizas. E li C*restia que*
eran sus en las escalas de las *cocas com-*
-bation si ab aquels del mur de *la vila;*
et aquilh dedins fazian trayre p*eriers*
e manganels ins en las cocas, e*s defen-*
115 dian ab cayrels et ab foc et ab pey*ras*
mot a gran efort, si que mot n'i ac de *mortz*
e de nafratz dels Sarrazins e dels Crestia*s.*
E li Sarrazin avian faytz cadafalcs el p*re-*
-mier mur cubert[z] de cuer, l'un pres de l'au—
120 -tre de miegh lans de peyra petita ; entrels
cadafalcs eran las tors grans e autas
e fort(z) batha[l]hadas, la una pres de l'au-
-tra. E nostras escalas eran totas cuber-
-tas de cuers, per temensa de foc ; mas li Sar—
125 -razin traiseron tantas sagetas que totz
los cuers en foron cubertz, e pueys gite-
-ron sus en las sagetas lo foc grezesc el
solbre e oli, e foron arsas las escalas
enans que poguessan esser caladas las

(c)

130 escalas sus els murs; e fo ops que las
cocas si traysseson atras. E li baron
de la ost avian fagh .v. quaz que avian
aduch al vallat per umplir; e .j. jorn,
cant li Turc assalhiron a las lizas, li
135 Sarrazin issiron de la ciutat e arseron
los quatz. Lo jorn de Rampalm assalhi-
-ron li Turc ta matin a las lizas dels Cre-
-stians que non agron lezer de far procession,
quar ilh sabian ben qu'il eran pauc de
140 gens, e petit avian cavalhs, mas ben
fazian razon que a la Pascha aurian
gran socors. Ilh vengron lo jorn de tan
gran forssa que a las lizas vengron ab
peyras et ab manganels et ab autres
145 genhs, e intreron el valhat e preyron
dos de nostres pontz[1] per forssa, e foron
i tantz cayrels tragh que jenz restobles
non esta tan menudament el camp
con istavon cairels e sagetas. E podetz
150 ben albirar que gran gent i ac magga-
-nat e mort, que[2] la batalha tornec a ma-
-nesc, que motz remaseron de Sarrazis mortz
sus en la riba del valhat, e dedins el
sablo, senz aquels quel Sarrazin en por-
155 -teron. Aytal vida meneron li Crestian
que cascuna sepmana, tro al jorn que
la ciutatz fo pressa apres la festa de Totz
Sanhs, feron[3] los Crestias .iij. trabuquetz
grans e de sobrier port. L'uns trabuchetz
160 *fo mes el sablon* e gitec outral flum a la Tor   (*d*)
Blanca, davant[4] la porta de Tenez; aquel
fo dels Romas. Pres d'aquel ac .j[a]. perei-
-*ra, et* amon el toron un' autra, que gite-
ron a las bertrascas del mur davas lo

---

1. *Ms.* poncz. — 2. *Corr. ou suppl.* cant? — 3. *L'auteur ne peut pas vouloir dire que jusqu'au jour de la prise de la ville les assiégeants fabriquaient trois trébuchets par semaine. P.-é.* feriron l. C. ab .iij. t.? *Mieux vaudrait supposer une lacune avant* feron. — 4. davant *est douteux; p.-é.* daual, *et en ce cas il faudrait corriger* davas.

165 *fl*um. L'autres trabuchetz fo al duc
    d'Ostielricha, que pueys lo donec al Tem-
    -ple. Aquel non era ges el sablo, ans
    era d'outral flum, e gitec a una tor reon-
    -da e blanca tantas peyras que non a ca-
170 -stel el segle que non degues aver fondut;
    e la tors non valc menhs, qu'ela era de
    teula cucha, e li mur e totas las autras
    tors. Endregh la gran escala quel dux
    fetz far, que petit valc, avia .ij. p[er]eyras que
175 gitavon en la vila e a las bertrescas del
    mur. Apres del trabuchet del Temple
    avia .jª. p[er]eyra de l'Espital que gitava
    daus la Tor Blanca e per la vila. Apres d'e-
    -la avia .j. manganel et .jª. p[er]eyra del comte de
180 Nivers, que pueys fo brizatz. Le trez trabu-
    -chetz era de l'Hespital de Sanch Johan, et
    era mout grans e bels, e mot ponhet hom
    en far e mout costec. Tuitz[1] genh gi-
    -teron longament en la vila ses dan far.
185 E cant li baron viron que reṅ no lor
    valion, feyron far .j. quatz et .j. moton
    per omplir los vallatz, e feron los cobrir
    de fer que no poguessan ardre, et agron
    desus de terra espes .iij. pes o .iiij. per los
190 colps dels trabuchetz e dels autres gens
    suffrir. Mot costeron de far, mas petit
    valgron, e mot i ac mestier de gens a ti-
    -rar al vallat(z), e mot n'i ac de mortz e de
    maganhatz, que li Sarrazin fazian ad-
195 -es trayre lor genh lay on vezian la fola
    de las gens. Lo motos fon tiratz sus
    en la riba del valhat denant .jª. tor mot
    bela, la jos apres la Blanca Tor. E cant
    li Roman gitavan, li Sarrazin issiron
200 de laïnz per miegh lo vallat, et encau-
    -seron los Romas, e meyron foc el moton,
    e defenderon lo de sus del mur ab pey-

1. *On pourrait suppléer ici* aquist *ou* li.

-ras e ab cairels, que negus hom nol poc
socorre que no arses ; pero assatz i ac mortz
205 d'omes e de lay e de say. Atretal(s) feyron
del quat(z) que fo tiratz denant la Blanca
rica Tor, mas las gens del rey lo garde-
-ron, e fo i mortz .j. cavalhers del rey, e de
sos sirvens i an[1] n'i mortz e nafratz gran
210 ren, car Dieus no volia la ciutat que
preza fos per negun genh, mas per lo
sieu. La premeyra sepmana d'aost re-
-feron lors escalas sus en las *cocas e cobri-*   (Fol. 2)
-ron las de fer e d'aubercs, que las sag*etas nils*
215 cairels no s'i poguessan tener. E *li Sara-*
-zin feiron autre genh, que feiron liz*as*
d'una lansa sobrels murs daves *lor*,
si que las escalas no poguessan ca*lar*
el mur ni avenir, per tal que aquil de *las*
220 escalas cazeguessan tant bas que foss*an*
tugh flaquatz al cazer; es aquelas lizas
dureron tro a la tor de l'amiralh, sobre l'ay-
-ga. Las cocas foron enpenchas vas lo
mur, e li Sarrazin colleron lo cofin de la
225 tor per aver lo socors del soudan. Adonx
vengron li Sarrazi tant afortidament que
mays de .xv. tesas[2] trenqueron de las li-
-zas; e foron sus el vallat rengat plus
de .cccc., contra aquels, del Temple, e n'agron
230 .j. albaresta de torn. Adonquas donet
hom comjat als frayres que broquessan,
el manescalc portec lo bausan, e broqueron
et auciseron plus de .cccc. Sarrazins, e mei-
-ron les areire plus [d'un] tragh d'albalesta. E
235 las gens menudas gazanheron gran ren
d'escutz e d'autras armaduras dels Sarra-
-zins, e d'esclauz assatz, e preiron las te-
-stas e las vestiduras dels Sarrazins mortz ;
et esteron tot celadament tro al vespre, que
240 s'en anéron li Sarrazin a lors tendas,

---

1. *Pour* ac, *cas d'assimilation que je n'ai jamais rencontré.* — 2. *Ms.* tel'as.

e li Crestian porteron las testas als Crestians
que eron en las cocas, et ilh giteron las
dintz la ciutat als autres Sarrazins, et
ilh ar(ne)seron nos nostras escalas, que
245 fer ni albercs no y tenc pro contral foc
grazesc ; e fo mestiers que las coquas si
trayssesan areyre. Lo dilus apres la ba-
-talha de Rampalm, .j. dels grans amira-
-lhs quel soudas agues si fetz cosir en .j.
250 cuer per intrar en la ciutat, e venc nadan
per l'ayga, lo matin, al pongh del jorn,
quel soudas li avia donada la senhoria
de Damiata, si lay podia intrar ni far
socors. E li Crestian preyron lo e mene-
255 -ron lo denant lo rey ; e pres lor ben, que
si pogues esser intratz dinz la ciutat(z),
el fera gran dampnatge als Crestias,
que el era le melhers cavalhers el plus
savis el plus ardit que fos en paganes-
260 -me, e si avia be .iiij.xx. ans. Le reys si
lo fes metre la nueyt en fers, mas el es-
-capet; pero, cant s'en fugia vas la ciu-
-tat, l'encontret .j. pelegrins que cagava,
e cudet lo penre, mas el si tornava, per que
265 l'aucis. Cant le reys o saup, fon mot
dolens e mot lo plays, e fetz lo tener .ij. jorns   (*b*)
e mostrar per tota la ost, que las gens
*non agues*son avol sospiecha en el qu'el
l'agues vendut viu als autres Sarra-
270 -*zins*. D'aquel feiron gran dol li Sarra-
-*zin, et* agran voluntiers conprat lo
cors per sepelhir a gran honor.

A raus diray los miracles que Dieus
fetz als Crestias, e la pestilencia que
275 donet als Sarrazis de la ciutat .I. malau-
-tia lor venc en la boca et en las cambas,
de que moriron ben cascu jorn .cc. o plus,
que li viu no podian soterrar los mortz,
que de .j. cors metre en tera dava hom .j. be-
280 -sant d'aur. E valia laïntz .jª. ceba .iiij. d.,

et aytant de sucre com es lo comolumps[1]
de .j. ou valia .x. besans, e .j. fiola d'ayga
dousa .ij. besantz, car le flums era salatz
devas la ciutat, et davas l'ost dels Cre-
285 -stians era dous. E foron i pres manthas
vetz malvatz crestian que portavan
als Sarrazins aygua et autras frescas
viandas, per cobezesa d'aver be[2]. E cant
viron li Sarrazi que tornatz era[n] a la mort,
290 il envieron al soudan messatges du-
-tadors[3] que passavan jos[4] l'ayga,
jos los pons; e li Crestian feron retz que
giteron en l'ayga, e prendian totz aquels
que si metion a passar, e las letras que
295 portavon envoutas en cera, e las fio-
las del foc grezesc, el sucre e las autras
viandas frescas que portavan en va-
-yssels de covre per presentar als grans
homes que eran en la ciutat(z). Et a totz
300 cels que li Crestian podian penre fazi-
-an trayre los uelhs o trayre las lengas
o talhar los pontz, e poys trametian los
als autres Sarrazins per lor esmagar.
E cant vic le soudans que per l'ayga
305 no lay podia hom entrar, trames sas letras per coloms; et esdevenc que sus
el moli del Temple en preiron .j. li Cresti-
-an ab sas letras, e pois en preiron moutz
que lor falhiron[5], ques ab falcos los cas-
310 -savan els prendian le[6] Crestian. Anca-
-ra feron apparelhar lors escalas sus
en las coquas, et aprosmar del mur,
per far venir los Sarrazis a bathalha,
aquels defora et aquels dintz, mas
315 Dieus no[l] volc, quel flum fo(s) en aquel
pongh tant corrent que totas las cor-

<hr>

1. *Corr.* lo mojols, *ou* .j. ou de colump? — 2. *Ce* be *pourrait être supprimé
sans dommage.* — 3. *Corr.* nadadors? — 4. *Corr.* lonc? — 5. *Corrompu?* —
6. *Corr.* li.

-das ab que devia hom tyrar las coquas
pres del mur, romperon l'una apres l'au-
-tra. Et adonx agron parlamen li *Crestian* ;   (c)
320 e totz cels que s'en devian tornar *areire*
al prumier passatge, volgron qu*e le reys*
anes requerre lo sodan de bath*alha a las*
alberguas. E tota la menuda ge*ns acor-*
dec si ad aquest cosselh. Mas le *reys ni*
325 l'autre baron nil Temples ni l'Espit*als non*
si acordec pas ad aquest cosselh. A*yssi la*
discordia duret en la ost plus de .xv. jo*rns,*
si que la gens menuda cridava al rey
et als autres barons ques ilh non devi-
330 -an tener ni conquere terra, mas que este-
-san rescondutz com home coart e recre-
-zentz, e los appelavan trachors, qu'il avian
venduda la crotz. Adoncs fo acordat
que mosenhers Raols de Tabaria garda-
335 -ria las albergas ab quatre cens caval-
-hiers, e ab .iiij. milia homes a pe gar-
-dec las tendas mosenher en Raols de Ta-
-baria. E tug li autre aneron encontral
Soudan per conbatre, e totz los savis pe-
340 -nedenseron e cumergueron e feron lor
gage. E ac n'i assatz d'outracuidatz que
anc ren non feron, anz portavan cordas
per los Sarrazins liar e deniers per comprar
raubas et esperos per respieg d'aver ca-
345 -vals. Aysso fo lo jorn de la festa de Sant
Johan Decollaci, que nostras gens envi-
-eron lors galeas e lors barchas, contra-
-mont l'ayga, cargadas de viandas. Mas
non foron pas a mieja via que lor falhi
350 le vens, si que non pogron montar l'ayga.
E las autras gens yssiron de l'alberga
apres la messa, et adordeneron lors ba-
-thalhas. Le Temple el coms de Glouse-
-stre[1], ab Frances et ab Angles, foron

1. *Ms*. Glonsestre.

355 e l'avangarda; et al tornar convenc lor
a far la reyregarda. E cavalgueron are-
-zat tro sus el[s] fossatz del soudan; e li
Sarrazi grupiron las albergas. Adonx
s'acosselheron li Crestian, e disseron que
360 petit avian de gens a cavalh e li Sarrazi
trop, e no seria sens de cassar lor. Tals
n'i ac que disseron que bo seria de cassar
tro al vespre. En aysso ac gran discor-
-dia entre lor. Devas l'ayga eran
365 li Roma e las femnas que portavan l'ay-
-ga doussa per l'ost abeure a [1] las gens
a pe. E li Bedoïn que eran sus el flum fe-
-riron sobre lor e n'auciseron. Adonx li Roman si laysseron tolre la riba de l'ayga.
370 Cant le reys Johan vic aysso, manda
a l'Espital que l'era davant qu'el volia
*ponher sobr*els Bedoïns [2] cujeron que s'en tor-   (d)
-*nessen* vas l[as] albergas. Adonx giteron por
*las ar*mas per fugir, e nols [3] pog retener
375 *le patr*iarcha ab la vera crotz qu'el porta-
-*va*, *n*il legat per son poder, nil [4] reys per ren
que far saubes. E cant l'autra menuda
*g*ens de l'ost viron aysso, torneron s'en v-
-as las albergas per mal talent. Es
380 enanz que nostre cavalher si fossan mes
a[l] retornar, li Sarrazin lor agron mortz
gran ren de la gent a pe. Le reys el coms
de Glousestre [5] el Temples e l'Espitals e Fran-
-ces e Campanhes, tuch aquist anavan
385 esemps, e feyron la reyregarda, e receu-
bron gran dampnage, car tugh li Roma
e li Lombart e li Toscan, e totas las gens
de la ost, motz s'en fugiron mot vilana-
-ment sens colp ferir; don ilh devon aver
390 totz temps mays gran vergonha [6], que
l'ost avia en els gran fiansa. E li bon ca-

---

1. *Corr.* e? — 2. *Il doit manquer ici ces mots, ou leur équivalent :* e li
Roma. — 3. *Ms.* uols. — 4. *Ms.* sul. — 5. *Ms.* Gloufestre. — 6. *Ms.* vergolha.

-valher venian tot lo pas, e si eran mot
cochatz per Sarrazins, tant qu'il no sabian
que far : o pogner sobrels lor, o layssar ;
395 e si lor era a pogner, tals vegadas era per
la destreissa que li Sarrazin lor fazian,
que tan trazian sagetas espessament sobre
lor que los cavalhs lor aucizian e lor
maganavan ; e cant le cavals cazia, le
400 cavalhers era mortz o pres. En ayssi los
covenc a venir plus de lega e mieja. E
cant s'aprocheron de las tendas, covenc
los a metre el crotz, per so que li Sarrazi
los engoisseron plus, et ilh que avian
405 gran ren perdut[1]. E tant[2] los cochavan
li Sarrazin que l'us cazia sus en l'autre,
el filh no agardava lo payre nil payres
lo filh, enans si giteron jos els vallatz
de las lizas, e morian li .j. de calor, e li
410 autre issian de lor sen, e li autre negavan
el valhat ; los autres estavan tan nafra-
-tz de sagetas que pueys no gariron. Li re-
-ys meteys, que mot se deffendia, fo totz
alumenatz de foc grezesc, que sas cober-
415 -turas de fer foron totas a[r]sas, mas, mer-
-ce Dieu, el fo rescos. En aquel loc re-
-ceup la Crestiandatz tan gran dampnat-
-ge com yeu vos diray : de cavalhers
de segle, entre mortz e pres .ccl., en que
420 n'avia .xvij. senhors de baneyra. El
Temples i perdet .xxx. frayres ; l'Espitals
.xiij. arbalestiers, e de gens menudas si
perderon tans que non say nombre.
Le electz de Beuvays fo pres e mosenher
425 Natos[3] sos frayres, e mesiris *Gautiers*   (Fol. 3)
carmelencs, e mosenher N A*dams sos*
filhs, e messere Johan d'Arsis, *e maes-*
-stre Andreus de l'Espoisen, el vesco*ms de*

1. *Cette phrase est incomplète ou corrompue. On pourrait remplacer* et ilh
par com cilh. — 2. *Ms*. cant. — 3. *Corr*. Andreus de Nantolh.

Belmon, e maestre Johans d'Ag....
430 e d'autres cavalhers assatz de que *non*
say lors noms. E fo mortz lo prebost *de*
Sant Omer[1], e mesire Guillemes Tu..
e mesire Robert de Pochi, e mesire
Guillemes de Elisem, e le manescalc
435 del comte de Glousestre, e gran ren mays d'autres. E fora magers le dampnages
si li Sarrazin saubessan lo gran dan que
li Crestian avian pres, qu'el pogran ben
penre las lizas, que no fora que las defendes,
440 mas Dieus non o volc cosentir adoncs,
e pres li pietatz de sos peccadors, car
el los avia batutz per lors pecatz : pres
l'en pietatz enayssi com fa al payre cant
a batut(z) son efan per sa folia. Adoncs
445 retorneron areyre li Sarrazin a lors al-
-bergas, e meneron en aquels que agron
pres, e porteron en las testas dels mortz.
A l'endeman revengron li Sarrazin a las
tendas, que ben cujeron aver lo roma-
450 -nent a lor plazer, mays Dieus i fetz miracles, que ben fo vejaire als Sarrazis,
can viron los Crestias el camp, que fossan
gran ren mays que non eran agutz en
la bathalha, ja fos aysso que nos o avi-
455 -am tot perdut. Pero las gens que aviam
eran en motz bels arnes, e cascus avia
cor engal d'un leo. Cant li Sarrazi vi-
-ron ayso, tart lor fo que s'en fossan tor-
-natz a lors alberguas, tuch esperdutz
460 d'aquo que avian vist. E li cors dels
mortz jasion el sablon com si fossan gar-
-bas, e li cavalh e las autras bestias ab
lors arnes, e per los ca[m]ps e per las maysos. Adonx si penset le soudans qu'el
465 mandaria a son frayre, a .j. frayre qu'el
avia, e a la califa de Baudrac, quel socor-

----

1. *Ms.* Santotanier.

-reguessan[1], armas e las baneyras qu'el
avia gazanhadas de Crestias e lo cuer
de las testas per sa terra, que venguessan
470 tug socorre, e las testas fetz el venir to-
-tas per miegh lo flum, denant nos to-
-tas escorjadas. Cant nostre Crestian vi-
-ron aysso, foron mot corrosatz, e traisseron de
l'ayga aquelas que pogron, e las sebeli-
475 -ron. Le messatges venc a la califa et
a(b) son autre frayre, et aquil ajosteron
tot lo[r] poder e bailheron lo al frayre que
era anatz al message; mas Dieus i fetz
*mot gra*ns miracles, que no volc que
480 *el i v*engues per greujar Crestians et
. . . . ue il vengron en la terra dunt
. . . me Sarrazin que avia gran ira ab
. . . or e cavalguet lor de bathalha els
. . itz
485 A pres las octavas de Sancta Crotz, le
soudanz ac ajostat son poder, e man-
-det a aquels de Domas, que tot son esfortz
volc mostrar a las tendas dels Crestias,
que cilh de la vila no s'i podian plus tener;
490 e venc si lotgiar denant nostras lizas tant
aforzadament qu'elh fetz cassar ab mas-
-sas sos vilhas entz el[s] nostres fossatz per
gitar lo foc gresech e las lissas, on trazion
cayrels e sagetas e peyras plus espes que
495 pluja non catz en Abril. Mas mosenher
Savarix de Malleo era vengutz en l'ost ab
grans gens de pelegrins que bien nos
ajuderon a defendre, e nostre balestiers
e nostres arquiers o feron tant ben que
li Sarrazin eran tug enconbratz, los sas
500 dels naffratz portar. Aquel assautz du-
-ret le dijous el divendres el disapte, que
laüs nos deloghnet gayre de l'autre; e li
Sarrazin no finavan tot jorn de gitar

(b)

---

1. *Il paraît manquer ici quelques mots, p.-é.* ab armas, e trames las.

lo foc gresech, e lor galeas eran el flum
505 apparelhadas de nostre pont ardre,
mas no y podian avenir per los arbres
encadenatz e per los vaissels enfrondatz
que lor eran denant. E cant li Sarrazin vi-
-ron que ren no y podian far e que mot
510 perdian de lors gens, demanderon tre-
gas e traisseron se atras.

Aras vos diray de la ciutat, que tot
o fes nostre Senher per miracles a gre-
-ujar als Sarrazins lor malautia, si que
515 ben en morian lo jorn .cc. o .cccc.; e foron
tant attenhatz[1] e vencutz que negun
dels mortz no sosteravan, ans lor[2] laissa-
-van poirir lay on els morian, si que
las maisos e las carreiras eran totas
520 plenas de mortz, si que aquil de fora s'en
aperceubron[3], si que li escofle e tugh li au-
-zel caronhier estavan tot jorn sobre
la vila, per la caronhada que manjavan ;
e li malaute non trobavan qui lor do-
525 nes a manjar ; essi avian il[4] assatz e fro-
-ment mout et a molre, e de grans muls
e de bels assatz. D'aysso venc la noela
denant lo souda que tota[s] sas gens mo-
-rian dinz Damiata. E el triet .D. Sarrazins
530 lo[s] plus fortz els plus arditz qu'el *pogues a-*   (c)
-trobar, e donet a cascum .x. bessans........
lomes, e trames los dinz la ciuta*t, prometen*
lor grans dos e grans senhorias *e la terra,*
et abandonet lor tota la vianda *de l'ost*
535 a lor voler.

Al'endeman de la festa de Totz *Sanhs il*
cujeron intrar en la ciutat cela*damen*
denan lo jorn, et intreron en las alber*gas*
dels Crestias el cap del jardin de Sant *La-*

---

1. *Corr.* atahinatz? — 2. *On peut corriger* los. — 3. *L'enchaînement des
idées serait meilleur si on transportait les mots* si q. a. de f. s'en a. *un peu
plus bas, après* manjavan. — 4. *Corr. ou suppl.* vi?

540 -zer, e vengron denant las tendas de mose*n*-
    her Gui de Gibelet, e cazegron en be .xxx.
    en las fossas de sos moutons, e laysseron
    lors arcs e fugiron vas la vila ; e levet le
    critz per la ost, e foron en mort plus de .c.,
545 e pres de .xl. entro a .lx. ; et intreron ben en
    la vila .lx. E cant fo jorns, los Crestias
    porteron totas las testas fores, denant
    las tendas dels Sarrazins, e li cors foron
    trahinatz sus en la riba t[r]ol fossat de la ciu-
550 -tat, per mostrar a cels de dins. Aquil de la
    ciutat viron los cors de lors genz traïn-
    -ar, sin feron trop gran dol. Aquil qu'en fo-
    -ron escapatz s'en foron fugitz, e non ges
    vas la ost. Aquil de la ciutat leveron .jª. sen-
555 -heyra blanca sus en una tor per seghna de
    lor[1]. E le soudas s'aprop(r)ihec de las tendas
    dels Crestians, et encontret las testas
    dels Sarrazins qu'el trametia en la ciu-
    -tat, e ac en trop gran dolor. Apres la Totz
560 Sanhs .v. jorns, la vigilia de Sant Leonart,
    .j. dimars denant lo jorn, enviet le legatz
    de sas gens e dels autres vas la ciutat(z),
    mas petitz foron, et aporteron las esca-
    -las als murs et a la porta sobre l'aygua,
565 a la tor on le trabuquetz del[s] Romas gi-
    -tava, car el n'estava pres ; et anc noc y ac
    ni rey ni baron que mot n'i saubes, ni
    en la ost non ac mas .v. cavalhiers que
    o saubessan. Las gens del legat pojeron
570 per las escalas, e vengron en la ciutat
    enans que fos jorns ni alba, que anc
    Crestian no i ac mort ni nafrat. Las gens
    del rey el Temples e l'Espitals e tugh aquil[2]
    que intrar volgron. Et adonc levet .j. crit
575 que tugh si levessan et anessan a las li-
    -ssas, e tugh nostre pelegrin aneron i
    mot volonters per defendre, si mestiers

---

1. *Corr.* dol *ou* dolor? — 2. *Ajoutez* intreron?

fos, que anc no y hac sirvent ni cavalhier
que vengues vas la vilha per cazanhar;
580 el flum creg aquela nuit de .iij. pes d'aut,
so que mays non avia fag de tot l'an, si que
li Sarrazin non pogron venir a socorre a la
vila s'a greus penas no, per la vertut de Jhesu (*d*)
Crist que comandec lo flum creysser. Li ami-
585 -*ralh* Sarrazin, grant home, que eran en
la vila, s'en intreron en las tors que eran
sobre l'ayga. Als Sarrazins que eran en la
*ma*omaria fo mes lo focs, et ilh tenian
*lor*s lo cofin aut, a la guisa que solian per
590 *a*ver socors. Le soudas enviet .lx. Turcs
a las lizas dels Crestians per vezer que fa-
-zian li Crestia. E cant s'ajornet, li Crestian viron las baneyras lors sus en las
tors, et agron mot gran gaug; e li Turc
595 que y eran enviatz viron la banieyra del
Temple e de l'Espital e dels autres baros sus
en las tors, e la senheyra del rey sobre
totas, e las lisas mout ben garnidas de
sirvens e de cavalhiers per defendre, [e] tor-
600 -neron areyre per dire la novella al sou-
-dan, don el ac tant grant dolor que a pauc
no forsenet, com cel que ac perdut la clau
e la intrada de tota la terra de Egypte e tot le
fort(z) [1]. Los Crestias descenderon desus las [2]
605 per anar per la vila, e troberon totas las
maysos plenas d'omes mortz, que negus hom
no podia soffrir la pudor, e troberon aquels
que jazian sus els murs mortz, ab lors
arcs totz tendutz. Aquil que s'eran recul-
610 -hitz en las tors avian respieg tro a mieg dia,
si enant no avian agut acors ; et a mi-
-egh dia il se renderon. En la vila foron pres
[mais] de .iiij. milia Sarrazins, e tant d'aur e d'ar-
-gent que ja mays nulhs hom que fos a la
615 preison paubres no fora, si l'avers fos

1. *Corr*. l'esfort? — 2. *Suppl.* tors?

partitz cominalment. Et avia i ben .ccc.
Sarrazins que non podian anar mas de ge-
-nolhs ; el reys el Temples e l'Espitals els
barons de la ost si eran acordatz quels
620 melhors retenria hom per esclaus per
nostres Crestians trayre de preison. E re-
tengron en .cccc. e renderon [1] los autres.
El legat escumenget tot home que ren
retengues de la preison de la vila tro a la
625 ost si departis. Adonx pres hom de cas-
-cuna terra une partida de gens per depar-
-tir l'aver, et aquil que hom i mes jur[er]on
quel departirian ben e lialment : sobre
prestre assis et a cavalher .xxiiij. b., e a tur-
630 -cople .xij., et a sirvent a pe .vj. b., e a cascu-
-na femna .iij. b.; et en ayssi fo partitz l'a-
-ver de Damiata. E sapiatz que no i tro-
-bet hom per escrigh mas mil e .cccc. ca-
-valhers e .xlij. milia homes d'autres, que
635 sirvens, que albalestiers et arquiers,
sens las femnas. Aquel *dia que mogron d'A-*   (*f.* 4)
-cre per anar a Damiata lo di*a fon de la*
Penthacosta, e preiron terra le *dimecre*
el dijous. Le reys el dux d'O*stielriche*
640 el Temple e l'Espital e totz los *autres*
s'en aneron per terra, e no lay foron *a l'a-*
ribar, ni al penre lo lon [2] no i ac nu*l ric*
home mas lo comte de Salabeyras *que*
fetz hom rey e senhor per l'aribar. E*t a-*
645 -gron be .cccc. cavalhers de la terra am lo*r*
lo dijous denant Penthecosta ; el jorn d*e*
la Sant Bortholomieu apres fo presa la
Tor del flum que tenia la cadena. Lo jorn
de la Sancta Agatha passeron lo flum per
650 assetjar la vila a la reonda, que la ost dels
Sarrazis que y era s'en fugi senes colp fe-
-rir. Al .v. jorn de la Totz Santz apres, la
vigilia de Sanct Launart, dimars, fetz

1. *Corr.* venderon ? — 2. *Corr.* lo [sab]lon ?

nostre Senher miracles als Crestias, que lor
655 rendet la vila preza ; e Crestian foron pas-
-satz .iij. passatges enanz que la vila fos
presa. E totz aquels que partian del seti
tenian los Crestians per perdutz, aquels
que reman[ian] el seti; que mot s'en partian
660 laiament, que ges de razo non avian de
laissar lo seti mas per paor. Mas Dieus
non laysset pas los remazutz, que per
sa gracia lor donet Damiata; per las ar-
-mas dels quals Crestians, fizels e ferms
665 en la fe de Jhesu Crist quan[1] aquel asseti
partiron del cors, preguem tug lo
senhor de gloria especialment, e general-
ment de totz los autres fizels Crestias,
quez el lor don « requiem sempiternam ». E di-
670 -guam ne tugh lo « pater noster qui
es in ». Aquesta devant dicha preisons
de Damiata fo facha en l'an que la en-
-carnatios[2] de Jhesu Crist Mil. cc.xxix[3],
« cui sit honor et gloria in secula seculorum, amen ».

675 Aquesta causa que vos avetz
auzida fo prophetizada e escri-
-cha per .j. mot savi Sarrazin que o
escrius en sarrazinesc, e trobec l'es-
-crigh .j. Surias que sabia mot d'astro-
680 -nomia e del cors (e) de las estelas. Aisso fo
lonc temps denant lo temps de Saladin,
e parla(t) de lui cossi devia(n) conquerre las
terras dels autres Sarrazins, e la terra dels
Crestias e de la destructio de Damiata
685 e del Caire e d'Alexandria e de Domas e de
tot paganesme, ayssi com vos auziretz.
Aysso es le pensamentz e la prophetia
d'Annan lo filh d'Isahac. El fo .j.
valens metges fizels e savis, e fo ensenhat   (b)
690 *de mala* hora e de bona, e diys : Tut cil que au-

---

1. *Corr.* qu'en. — 2. *Corr.* de la encarnatio. — 3. *Sic, lisez* ccxix.

ziron aquesta carta sapian que yeu ay
*mout tr*ebalhat el pensar et en l'escriure,
e pauzat e uzat tot mon poder [1]. Car yeu vul
*que sa*vi e fol, e .j. home e autre, l'aujon. E
695 *cel qu*i nol crezion no son savi, ans si lon-
-*h*an de lor sen. Aras entendetz que es
ayssi ni que pot esser le filh d'un home
que es appelatz Damian. Le solelh se leva-
-ra, e cant sera colgatz veyra hom .jª. estela
700 que aura una coha tant longa cum una lan-
-sa ; e aquela estela aura ayssi gran cara
cum es .j. escut, e ayssi redonda cum es targa
de Sarrazi. E sapiatz que quant aquest signes
sera vistz, freolira la califa de Baudrac,
705 que es apostolis dels Sarrazis. — Pueys
venra .j. grans hom ab gran barba, be-
-doïns, arditz e fortz, e penra totas las mon-
-tanhas els borons [2], e tenra gran temps
totas las terras per sa forsa senes colp e se-
710 -nes contradigh de totz homes. — Pueys
venra en Babilonia una gens que hom ape-
-la Turcs. — En aquel temps venra .j. reis
de Fransa que gastara tota la terra entorn
Babilonia, e semanara la sens pecatz e sens
715 outrage, e fara vendre los efans de la terra
a gran mercat [3]. — Pueys venra .j. ami-
-ralhs de Sarrazis a Domas, que portara una
jauna baneyra, e sera fortz e arditz e de r[ic]
pensament, e sobre sos enemix de gran po-
720 -der, e penra Domas, e fara gran mortau-

1. 685 *ss.*, *Histor. occid. des Crois.* II, 515 : Ci coumance la prophecie le fil Agap.
— Ce est l'exposicion del livre le fil Agap, qui estoit mescreanz de la loi Mahom-
met. Icil filz Agap fu fisicienz et filosophes. Et autant sonne le mot filosophes
comme amerres de sciences. Cil filz Agap sot lo corz des estoilles et des planetes
par astronomie. Et dist en tele maniere : Quiconques lira ceste estoire bien
savra que je travcillai et penai et estudiai de tout mon povoir a fere iceles les-
trez qui sont de parfonde science..... — 2. borons, *corr.* torons. — 3. Et au
coumancement de lor tens vendra .j. roiz de genz qui ne creront mie en Dieu,
et destruira la cité de Balboiz. Et la penra senz blasme et senz coulpe, et
vendra ses filz et ses filles pour petit pris et pour vil.

-dat de gens. — Pueys venra .j. hom de son
linatge, grans hom et onratz e fort, e des-
-sendra a Tabaria, et aura trebalh assatz,
e penra Tabaria, et aucira totas las gens,
725 e vendra los enfantz a gran[1] mercat, e pen-
-ra .j. torent que sera destruitz a quarrataz[2];
e lay veira hom los grans homes de Fransa
liatz coma camels, e seran vendutz a gran
mercat. E li bon cavalhier e li ardit
730 esdevenran coart e volpill, e seran tra-
-mes per tota la terra; e sera grans pietatz
de lor, et ilh planheran. Ay! Escalone, ta
mala fost anc vos, ni vostre jardin, ni
vostre dedugh e vostre f[r]ugh, car vos
735 estaretz gasta tant lonc temps! — Pue-
-ys pendra aquel amiralh a Daron, a Ba-
-rut e Sageta, e metra las a mal et a destr-
-uiment, e fugiran totas la gens denant
luy per paor, e castels ni forsa non poyria
740 durar contra luy; et assetjara Sur, e no
volra Dieus que el la prenga. — Adonx
revenra totz l'aurs e la riqueza *e reple-*   (c)
-nira tota la terra. Adoncx revinran *las flors*
e gitaran lor frugh e seran las gen*s ad ay-*
745 -ze que davant eran malagutz, e di*ran : Ay*
Dieu! cal dolor del can que tals poder*s aura*
e tal forssa[3]. — Ai! Jherusalem, ta mala fust h*anc*
bastitz, que vos seretz abatutz, e vostra*s*[4] *gens*
malmesas; e seretz pres per aquel que p*or*-
750 -ta la jauna baneyra, e per sa forssa, e vendr*a*
las gens a gran mercat! — Ay! Acre, quant
de pena e de trebalh vos venra, e tan gran
escurdat vos venra desus! — En ayssi com
lo nivols descen sus en la montanha, ay-

---

1. *Ms.* grar. — 2. *Corrompu? Voici le français* (p. 516) : « ... et descendra
sur la cité de Triple ; et le jour seront mout mal seür li home de cel regne ;
et il vendra les homes de cel regne a mout petit priz. O Canahatin! doleurz
soit a toi! Je vueil plorer por toi, car ti duc en seront mené come chameux.
— 3. *Cette phrase depuis* Adonx (*l.* 741) *n'a pas de correspondant en fr.* —
4. *Ms.* nostras.

755 ci[1] correra sancs, que ges flums en ayssi
    no cor tost; et aura i tantas de gens mortas
    a glazi, que la paraula correra per tot lo
    mont, e sera a durar totz jorns. — Mas que
    dira hom contra Cayfas[2]? en Acre ac la ma-
760 jor mortaudat de tot lo mon, e major sanc
    de Crestias. — Ay! huelh, per que no ploras?
    Ay! cor, per que no crebas del gran damp-
    -nage que avenra de gens, que li peisson
    e li auzel seran sadolhatz de la carn? — Apres
765 aysso venra .j. rey, e dessendra en Acre, e sera
    savis hom e ples de gran bontat sobre
    totz homes, et amenara la major gent que
    anc mays fos vista essemps, plus arditz
    e plus trencans de folgre, et assetjara Acre
770 a la reonda, e la penra per forssa sobrel
    senhor ab la jauna beneyra, et aucira to-
    -ta la gent ad espaza, e non poyra desliu-
    -rar Jherusalem. — En aquela sazon descendra
    .j. fort reys el sablon blanc, si que aquel
775 reys et aquel d'Acre si combatran essemps
    am tot lor esfortz, e s'afrevolezira mot
    l'uns l'autre, e no tarzara gayre que l'uns
    del[s] reys morra. E cant sera mortz, siatz
    tugh adaitz e leugier de cors. Ay! Dieus,
780 cant desir que yeu vis aquel temps, que yeu
    essenharia de mo sen als no sabens ; non
    per so que so sera per lo miracle de nostre Senher.
    — Al cinquesme Sabaoth, ayso es a dire
    al cinquesme temps de Sarrazis, per .vj. ho-
785 -ras mouran gens d'outrals mons, en a-
    -yssi com malgrat lor, e si auran ilh tan
    gran ost que senblara la sazon de las len-
    -gostas, que son tantas quant es lengostatz[3]
    que tollon lo cel de vezer. — E venra en

---

1. *Ms.* aycōi. — 2. *Obscur ; le texte français correspondant (p.* 517) *est
fort différent.* — 3. *Corr.* l'agost? *Pour ce passage le français ne donne
aucun secours :* car granz olz vandront d'Outre-mer de lor gré, et s'assem-
bleront en Egipte, si com firent ça en arrierez li autrez, et s'en iront avant eus
si com tonnoirez,... (*p.* 517).

790 Babilonia de tant grant forssa que sem-
-blara .j. troneyres; e Dieus enviara lor
.j. home graile e leugier de carn, e seran
totas las gens as .j. comandament a la
voluntat et al cosselh d'aquel; e non sera
795 *autra senhoria, mas* li rey e li haut home serant   (d)
*en son comand*ament per lo miracle de Nostre
Senhor, car totas las gens al sieu acort
*venran, e se*ra per lo comandament de Dieu [1].
Atrasag auran gran bona ventura aquil
800 *que son* de sa crezensa. E totz los Sarrazis
del rei ab la jauna baneyra recebran
gran dampnatge e gran destructio. E tot
aysso avenra el temps de[l] grasle home, e ne-
*gun*s dels baros no diiran ren contra
805 *lu*i ni de ren qu'el fassa, per paor de Dieu.
Ay! caytius Sarrazins, ta mala fost el
temps d'aycel home, car aquel es vers
messatges de Dieu. Et el mes de may se-
-ra destruch le regesme de Turc, e ma pa-
810 raula sera veraya senes mot de mensorga,
e francas gens seran en lor bon ponch e ve[n]-
-zeran las grans batalhas; per so que cant
li un seran las, li autre venran tutz pau-
-satz per conbatre, e li las si repausaran :
815 e sera destructz totz paganesmes. Ay! Da-
-miata, ta mala fost anc a vostres ops et
a tota vostra encontrada! On son li vo-
-stre bel jardin, on son vostre bel frug!
Vos seretz gastada e vostre arbres seran
820 trencatz tro a las razitz. Es el pla del Quaire,
en la plasa dels camels, aura tan gran,
bathalha que li fetge esclataran, e li cors
e li[2] ventres[3]; e li efantz esdevenran velhartz

1. Et tuit seront en son coumandement. Et sa seigneurie sera suer la seigneurie des rois, et tuit obeïront a lui et a son comandement. Et ce ne fait pas à merveiller car toutes les oz feront son coumandement, et ce sera coumandemenz de Dieu (*p.* 517-8). — 2. *Corr.* els. — 3. *Fort différent dans le fr.* : Doulourz soit aus chevalierz du Kahaire, car jusques el marchié des chameux et jusques en la cité seront les batailles estandues, et les batailles porteront les cors de cex

e canutz de la grant engoyssa, e seran sa-
825 -dolhatz li auzel e las bestias salvatgas
de la caronhada dels mortz. Ay! Babilonia, ta mala fost anc, que per los vostres
pecatz esdevenra tota la terra negra et
arsa de foc, e Jherusalem sera abatutz. Ay! plo-
830 -ratz tutz per Babilonia la caytiva. Ay! Ba-
-bilonia, regina de tot lo mon e vila de mer-
-caders, de que i avia plus que non a quais
estelas el cel! Ai! Babilonia, tan mala
fost anc en vostr' estatge[1]. En aquel
835 temps e li Crestian que seran viu diran
que bona foron hanc natz, e cil que seran
mortz auran gran engoyssa car no vey-
ran aquest gaugh ; e tot aysso avenra
en aquel temps d'aquel graile home.
840 Ay! Babilonia, tant de trebalh vos aven-
-ra! Ay! terra de Goth, ta mala fost anc!
Ay! terra de Sani ta mala fost anc! Ay! bels
castels e belas ciutatz, belas vilas, belas
terras, ta mala fost anc, car vos seretz des-
845 -truchas, que ja no y remanra res. — Adonx
issira de Babilonia .j[a]. grans ost que sem-
-blara tempesta. En aquel temps seran

.   .   .   .

(*Le reste manque*[2].)

VII. — Commentaire historique.

1-8. *Histor. des Crois.* II, **335** (ici et ailleurs je ne m'astreins pas
à suivre exactement le texte imprimé, mais j'y introduis là où il
y a lieu les variantes placées en note par les éditeurs) :

qui les verront et orront (*p.* 518). *Au lieu de* porteront, *un ms. donne* perche-
ront *et un autre* parteront; *ce qui conduit à un sens analogue à l'idée
exprimée dans le provençal.*

1. *Ms.* vostre starge. — 2. *On ne peut compléter avec le texte français, qui
est fort différent, mais, à supposer, comme c'est probable, que la prophétie
ait été suivie de son exposition, il ne doit pas manquer plus d'une à deux
colonnes. Si la lacune est de deux feuillets (soit 16 colonnes) selon la suppo-
sition exprimée ci-dessus, p. 499, il resterait environ 14 colonnes pour la
lettre du prêtre Jean.*

Li crestien qui estoient devant Damiate virent que il ne faisoient nul esploit; et quanque il faisoient ne valoit rien se il ne passoient le fleuve et assegoient la vile. Il atornerent vaisseaus et atirerent por aler prendre terre devers la vile, car il lor sembla que il avoient gent assez por ce faire, et que chascun jor croistroit l'ost. Li soudans, qui ot aperceu lor volenté, fist faire sur la rive dou flum, dès la vile contremont, un avant piz de motes, et fist arrengier perrieres et mangoneaus et establi ses gens a cheval et a pié. Quant ce vint le soir, que li Crestien devoient l'endemain passer, li soudans apela .ij. de ses amiraus, de quoi li unz avoit nom Otevien le fiz de Halequen et li autres Helemedin le fiz de Mestob. Cist dui estoient parent et mout ami, et estoient chievetaine des Cordis que l'en tient por les meillors chevaliers de paienime; et bien estoient .vij^c. chevalier. Il lor dist que il voloit que il et lor gent se meïssent dedens la vile de Damiate en garnison, car il se fioit plus en euz que en gent que il eüst. Il li respondirent : « Sire, nos somes « vostres homes et apareillié a vostre servise, et somes prest d'entrer y, « et si vos prions que vous i veilliez metre un de vos fiz aveuc nous. « Car nos savons bien, se il est o nos, que vos en serez plus curious ; « et se il n'i est, vos vos en passerés ausi legerement come vostre « oncle Salahadin, qui si fu prodome, fist de nos peres le Mestob et « Halequen, que il laissa prendre a Acre devant ses oilz. »

Même récit, mais fort abrégé, dans B. le Trésorier, éd. Mas Latrie, p. 419. Olivier (1136/25, 1187/29), J. de Vitri. (Martène, *Thesaurus*, III, 297 E), rapportent, sans en donner la cause, la panique des Sarrazins. J. de Tulbia (fol. 34) et le *Memoriale* (1090) ont ici une absurde histoire d'apparition qui aurait causé cette panique.

15. Le mardi 5 février. C'est aussi la date donnée par Olivier l'écolâtre, Bongars, 1136/20 et 1187/24, le *Memoriale*, 1091 A. L'*Eracle* rapporte le même événement au 25 juin (p. 336). Selon Olivier, les Chrétiens auraient été informés de la fuite des Sarrazins par un renégat; par un homme du roi Jean de Brienne, selon l'*Eracle*, p. 337, dont le récit est fort circonstancié.

22, 78, 160, etc. Le sablon, le *sabulum* des relations latines paraît désigner non-seulement le rivage le plus voisin de la mer, mais, spécialement ici, le delta compris entre l'embouchure du bras de Damiette et l'ancien canal qui partait de la rive gauche de ce bras et allait rejoindre la mer. Il n'y a pas contradiction entre ce qui est dit ici de la stérilité de ce lieu et l'assertion du chroniqueur plus récent qui qualifie l'île de Mehallé de « plantureuse de mout de biens » (ci-dessus p. 515, fin de la note). Le sablon n'était qu'une partie de l'île en question, la partie qui avoisinait la mer.

25-6. Olivier (Bongars, p. 1135/37, et 1186/40) : « Invasit præ-
« terea multos de exercitu quædam pestis... » *Memoriale*, 1089 E :
« Et sic per totam hyemem aqua et frigore passi sunt, in tantum
« quod sexta pars exercitus mortua est, et multi manuum et pedum
« ungulas et dentes, malo oris et dolore, amiserunt, qui omni parte
« cognosci possunt ; et. ita fuimus fatigati usque ad mensem
« februarii »[1]. Cf. la troisième lettre de J. de Vitri à Honorius, Martène, III, 296 D. D'après les symptômes ici indiqués (cf. l. 275),
c'était le scorbut. Trente ans plus tard et dans les mêmes lieux
l'armée de saint Louis en fut affligée ; voy. Joinville, édit. de
Wailly (Didot), §§ 291, 299, 303 ; cf. Wilken, VII, 190.

31. — Les ponts étroits et courts dont il est ici question sont des
ponts mobiles, sorte de passerelles qui se projetaient au dehors des
navires, principalement des bâtiments de transport, pour servir au
débarquement. Voy. Jal, *Glossaire nautique*, aux mots PONS, PONT
(1), et OSTIUM IN PUPPI.

32. Olivier, 1136/34, 1187/38 : « Sed adeo limosa et profundiori-
« bus aquis difficilis fuit ad applicandum terra hostilis, ut vix equi
« sine sessoribus et sellis ejectis , possent ascendere. Templarii
« vero, inter primos ascendentes equos, erectis signis, cum quibus-
« dam Hospitalis Sancti Joannis fratribus et paucis aliis secularibus
« militibus, versus civitatem cursu propero festinaverunt, in par-
« tibus illis ubi castra Paganorum sederant, quos ibi invenerunt, ad
« centum viginti, trucidantes instanter. » Ce dernier fait est indiqué
avec une date précise dans notre relation, l. 42.

53. — Le nombre des défenseurs de Damiette est porté à
50,000 hommes d'élite, par le *Memoriale*, 1091 D, sans compter
20,000 habitants pouvant porter les armes. Il y a désaccord entre
les chiffres donnés ici et ceux des lignes 633-5.

60. — Léopold VI, duc d'Autriche de 1198 à 1230 ; *Art de vér.
les dates*, III, 568.

62: — Selon le *Memoriale*, 1091 C, la construction de ce pont fut
prescrite par le légat le 9 mars. La date manque dans le passage
correspondant du ms. Harléien (voir ci-après la note sur la l. 280).
Point de date non plus chez Olivier, 1137/2 (le passage manque,
par suite d'un bourdon, p. 1187). Le récit provençal fournit ici des

---

1. Dans le ms. Harléien, fol. 34 : « Et sic per totam hyemen passi *fuimus*
« ita quod quinta pars exercitus mortua fuit, et multi ungulas amiserunt et
« habuerunt malum in ore et in pedibus, quod agnosci potest. »

détails qu'on ne trouve point ailleurs. La disposition de ce pont, s'appuyant au milieu du fleuve sur une île, est confirmée par un passage d'Olivier, 1143/38 : « Pons vetus qui, mediante insula, « utramque ripam contingebat (*corr.* conjungebat?)... » Il y a en effet, d'après la carte de l'expédition d'Egypte (feuille 41), à un kilomètre environ en amont des ruines de l'ancienne Damiette, une petite île. C'est bien la position qui convient ici.

80. — Les détails qui suivent sont nouveaux. Voici ce qu'il y a dans Olivier, 1137/10, et 1189/37 : « Per desidiam autem et iner- « tiam quorundam, quorum nomina novit Dominus, factum est « ut hostes, resumptis viribus et animis, adveniente etiam Coradino « cum Halapinis et magna multitudine, locum illum occuparent a « quo nostri miraculosum transitum fecerant (*cf. l.* 85) ; et sic nos « obsidentes civitatem ipsi periculosius obsederunt. Et nisi per « divinum consilium castra quæ erant inter mare et fluvium retenta « fuissent, maxime per Theutonicos et Frisones, portus nobis ablatus « fuisset. » L'attaque des Sarrazins eut lieu le samedi veille du troi- sième dimanche de Carême (*Oculi mei*), c'est-à-dire le 16 mars 1219. Cette date s'accorde avec les données moins précises du *Memoriale*, 1091 D E.

85. — Il n'a pas été question dans ce qui précède de ce « toron » (hauteur, colline, voir le glossaire) qui est ici accompagné de l'article défini comme s'il avait déjà été mentionné. Il s'agit sans doute de cette sorte d'observatoire qu'Olivier (seulement dans Eccard, col. 1439), appelle « spicula Turonis. » Il en sera encore question plus loin, l. 163.

86. — Notre relation passe bien rapidement sur la construction de ce second pont, tellement que je ne serais pas éloigné de supposer une lacune après *Genoes* (l. 87); mais la mention seule du second pont est intéressante, parce qu'elle confirme le récit du *Memoriale* qui indique aussi deux ponts, le premier col. 1091 c (voir la note sur 62), le second, col. 1092 A, avec des détails qui manquent dans notre récit, au moins dans l'état actuel du texte : « Tunc Christiani « fecerunt pontem super fluvium de .xxxviij. barchis cum trabibus « et tabulis clavatis; et distabat una pars ab altera fere unum « milliare ; circa miserunt cochas ne Sarraceni accederent ipsi « ponti. » Ce passage manque dans le ms. Harléien. Wilken, *Ges- chichte der Kreuzzüge*, VI, 243, n. 95, pense qu'Olivier fait allusion à ce second pont en deux endroits de son récit, postérieurement à la prise de Damiette (ch. xxiii et xli d'Eccard). Cela ne me paraît pas

très-sûr. Voici, d'après Bongars (1143/33), le premier de ces passages : « Instrumentum quo turris fluminis eapta fuit [1] Theutonici
« cum Frisonibus in commune dederunt ; de quo factus est pons
« novus inter civitatem et castrum quod construitur ad munimentum
« ripæ civitati contrapositæ. Duo castellula composita sunt ad custo-
« diam pontis de eodem instrumento. » Il ne serait nullement
impossible qu'Olivier ait eu en vue un pont construit après la prise
de la ville. Le second passage invoqué par Wilken, « pons superior
ac inferior compositus » (Eccard, 1439) prête au même doute. Nous
pouvons supposer que le second pont était construit en aval du
premier, pour aboutir à la ville même, mais, si nous renonçons
à faire usage du témoignage d'Olivier, nous ne pouvons l'affirmer.

87. — Ces quatre échelles, placées sur autant de « coques » et
manœuvrées par les Italiens, sont mentionnées aussi par Olivier, qui
à cette occasion ne dissimule pas son peu d'estime pour les Welches :
« Januenses, Pisani, Venetiani, firmiter asserebant se civitatem expu-
« gnaturos per quatuor naves super quas scalæ pendebant. Sed ipsi
« non erant de genere illorum virorum per quos salus facta est in
« Israel » (1138/50, 1189/35).

91, cf. 224. — L'*Eracle* raconte le même fait d'une façon générale, sans en faire l'application à un événement en particulier : « Il
« estoit lors ensi que toutes les fois que li Crestien assailloient a la
« vile, cil de la vile levoient un cofin qui estoit en une perche, que
« l'en avoit drecie sur la grant tor, et despleoient un gonfanon ver-
« meil en signe que l'en les venist secorre » (p. 340). De même le
Memoriale, 1094 D : « Cives civitatis, quando volebant quod exer-
« citus succureret eis, ascendebant super murcitam, et ponebant
« superius ignem accensum. » Ce passage manque dans le ms. Harléien. — *Cofin* est une sorte de panier ou de grande corbeille. Le
même mot est employé dans un cas semblable en un autre endroit
de l'*Eracle*, p. 156.

118. — Les Sarrazins avaient dressé des échafauds de bois cou-
verts de cuir sur le premier mur. Ces échafauds de bois étaient ce
qu'on appelait en français des *hourds*, voir Viollet le Duc, *Dict. de
l'Architecture*, à ce mot, et cf. ce passage de Robert de Clari (éd.
Hopf § LXI, éd. Riant p. 49) :

Entrementiers qu'il sejornoient illuec l'iver, si se warnirent mout

---

1. C'est-à-dire l'appareil considérable qui servit à prendre la Tour de la chaîne ;
le récit provençal ne commence, dans son état actuel, qu'après cet événement.

bien chil de le chité..... et fisent faire par deseure les tors de pierre boines tors de fust, et fisent ches tors de fust bien hourder par dehors de boines ais et bien couvrir par deseure de boins cuirs, si qu'il n'eussent warde des eskielles des nés as Veniciens.

Il est souvent question de ces échafauds dans le poëme de la croisade albigeoise, voir le vocabulaire de mon édition au mol *cada-falcs*. — La mention d'un premier mur fait supposer qu'il y en avait un second à l'intérieur ; ce qui est constaté d'ailleurs, notamment par la « Devision de la terre d'Outremer » rédigée pour Innocent III et dont on a de nombreux mss. On y lit (Ch. Hopf, *Chron. gréco-romanes*, p. 33) que Damiette est « enforcie de .xxxij. tours « grans, sans les autres menues dont tant y a que le conte n'en « sai. Sy est fermée encontre le flun de .ij. paire de murs et fossés « dedens et dehors. »

132. — Notre auteur rapporte bien légèrement ce fait important de la construction de cinq *chats* et de leur destruction par les Sarrazins. Je ne vois rien qui puisse s'y rapporter dans les autres relations.

136. — Le 31 mars 1219; Olivier, p. 1137/47, 1188/31 :

In die Palmarum anni præscripti, inimici nostri... una die, collectione terribili et innumerabili exercitu equitum et peditum, irruerunt super nos, undique fossatum nostrum invadentes, et maxime pontem Templarorium et ducis Austriae, quem ipse cum Theutonicis defendere studuit. Hostes, cum electis militibus suis de equis suis descendentes, cum Christianis atrociter pugnaverunt. Ceciderunt hinc inde mortui et vulnerati multi. Tandem pontem ascendentes, partem ejus combusserunt (*cf. les lignes* 145-6 *du provençal*). Dux Austriæ præcepit suis ut, ponte relicto, aditum darent instantibus et introitum ; sed intrare non præsumpserunt propter militiam nostram quæ acies suas ordinaverat.

Le récit du *Memoriale*, 1092 B C D, contient de tout autres détails, notamment sur la part que la flottille sarrazine prit à l'attaque ; cf. aussi Reinaud, *Extraits*, p. 402. Rien dans l'*Eracle*.

146. — « Deux de nos ponts... » On pourrait donc croire qu'il y en avait au moins trois; mais le pont qui traversait une île (voy. l. 62 et 77-9) comptait pour deux. C'est probablement de celui-là qu'il s'agit.

158 et ss. — L'*Eracle*, p. 337-8, mentionne aussi trois trébuchets, le premier appartenant au roi, le second à l'Hôpital, et le troisième exécuté aux frais communs de l'armée par les ordres du légat.

161. — La restitution *blanca* est fort douteuse, parce que la tour ainsi nommée figure plus loin et pourrait bien être distincte de celle

dont il s'agit ici ; voir la note sur 178. — Il est encore question du trébuchet des Romains plus loin, l. 565.

166. — Probablement lorsqu'il quitta Damiette, le 1er mai 1219 (Olivier, p. 1138/8, et 1188/47 ; *Memoriale*, 1092ᴇ).

178, 198. — Ni Olivier ni le *Memoriale* ni l'*Eracle* ne mentionnent cette Tour blanche, mais il en est question ailleurs ; le troubadour Peirol, s'adressant, après 1221, à Frédéric II, lui disant :

> Emperador, Damiataus aten,
> E nueg e jor plora la Blanca Tors
> Per vostr' aigla qu'en gitet us voutors.
>
> (Raynouard, *Choix*, IV, 102.)

180. — Hervé IV, de Donzy ; voy. *Art de vér. les dâtes*, II, 565.

181. — Le récit ne dit pas contre quelle partie de la ville était dirigé ce troisième trébuchet appartenant à l'Hôpital; d'après l'*Eracle* p. 337, il était placé en face « la tor dou canton. »

185. — Notre récit porte que les chrétiens firent faire un chat et un bélier ; que le bélier fut pris et brûlé par les Sarrazins, les Romains chargés de le garder ayant été mis en fuite ; qu'au contraire une tentative des Sarrazins contre le chat demeura infructueuse. D'après le *Memoriale*, qui ne parle pas du bélier, le chat aurait été brûlé à la date du 10 juillet (ou du 18 selon le ms. Harléien). Malgré ces différences il s'agit sans doute du même événement, car il y a ceci de commun que dans les deux récits l'engin brûlé par les Sarrazins était gardé par des Italiens. Voici le passage du *Memoriale* (1095 ᴀ ᴅ) :

Decimo die mensis Julii ductus est gattus Christianorum juxta fossatum civitatis, ante turrim destruendam. Illud quidem fossatum impleri non potuit, simplicitate et peccatis Christianorum ; nam, cum fere omnes dormirent, in sexta hora diei scilicet, Januenses, Spolitani et Romani, qui debebant custodire eum, secrete venerunt .viij. Sarraceni desperati, et miserunt ignem in dicto gatto, quorum duo capti sunt et projecti in ignem, et simul cum gatto combusti sunt, et de Christianis multi mortui sunt ; ex quo Pagani et Saraceni magnum gaudium habuerunt, Christiani vero valde sunt contristati.

Texte du ms. Harléien (fol. 34 *b*) :

In octava decima die Julii erat catus noster ante fossatum civitatis, et jam implebat eum, et peccatis Christianorum et simplicitate (*sic*), Pagani foras exierunt et catum cremaverunt, et multi ex nostris vulnerati et mortui fuerunt ; et dampnum accidit Christianis, et Pagani fuerunt exaltati.

212. — Cette importante affaire, datée ici de la première semaine d'août, est rapportée par Olivier (1138/28, 1189/3) et le *Memoriale* (1095 D E) au 31 juillet; chacun des trois récits a des traits particuliers. Olivier semble ignorer que l'attaque des Sarrazins de l'armée de secours avait été déterminée par l'assaut des Chrétiens contre la ville, mais il est riche en détails sur les efforts des Chrétiens pour la défense de leur camp envahi par les Sarrazins. Le *Memoriale* au contraire est surtout précieux par les renseignements qu'il donne sur l'assaut de la ville. Voici une partie du passage correspondant du ms. Harléien (fol. 36). Quoique le texte n'en soit pas toujours très-correct, il est évident que le récit original y est moins remanié que dans le *Memoriale*. « Extrema die Julii iterum Christiani insultum « civitati dederunt. In summo mane scala de Pisanis ad murum « posita fuit, et Pagani super eam ignem projecerunt et combusse-« runt eam usque medietatem ; et nos amare plangebamus, videntes « ita nostros cremare ; et multi ex nostris fuerunt vulnerati, et « quatuor intus remanserunt. In hora tercie venerunt galee et « berbote per flumen, et galee nostre non erant armate, nisi due que « erant super pontem, ex quibus una combusta fuit a Sarascenis. Et « crediderunt in illa die cremare pontem, et de nostris multi fuerunt « vulnerati. Et in hora nona una[m] de nostris mergere volebant super « murum, et fracta fuit, et duo ex nostris in aqua perierunt. Et venit « alia scala Januensium ; supra murum mergerunt, et plus quam « mille Pagani erant ante scalam, et super eam ignem posuerunt... » — Dans le récit provençal il y a un trait à noter : c'est l'artifice dont les Sarrazins usèrent pour empêcher les Chrétiens d'aborder le mur (l. 215-223).

247. — Il est assurément singulier que l'auteur, après avoir narré la bataille du 31 juillet, se mette à conter un fait qu'il date du 1er avril. Quoi qu'il en soit de la date, le fait lui-même n'est guère contestable, car il est conté avec les mêmes circonstances par le Ménestrel de Reims (éd. de Wailly, §§ 161-4). Il n'y a guère de différence que dans le récit de la capture du Sarrazin après qu'il se fut évadé, et elle consiste simplement en ce qu'au lieu que dans notre relation le fugitif est repris par un croisé qui s'était retiré à l'écart, nous lisons dans la chronique rémoise qu'il fut arrêté par des boulangers qui s'étaient levés de bonne heure pour pétrir [1]. Sur

---

1. On peut rapprocher de ce fait la tentative heureuse de l'émir Chamail pour entrer, par la voie du fleuve, dans Damiette, voy. Reinaud, *Extraits des histo-*

ce point au moins le Ménestrel mérite plus de créance que ne lui en a accordé M. de Wailly (voy. le *Sommaire critique*, p. liij).

275. — On a vu plus haut, l. 25, que la même maladie, le scorbut, avait d'abord régné dans l'armée croisée; l'*Eracle* dit de même, p. 344, qu'elle atteignit ensuite les habitants de Damiette.

280. — La disette dont souffraient les habitants de Damiette était limitée à certaines victuailles, notamment à la viande fraiche. Voici ce qu'on trouve à cet égard dans la relation du ms. Harléien et dans le *Memoriale* [1] :

<table>
<tr><td>

Harléien, fol. 35 v°.

Et dominus legatus precepit fossatum circa nos faciendum et pontem in flumine; et sic circumdata est Damiata quod nec exire nec intrare nemo poterat. Sciatis quoque quod de biscocto et de lardo et de aliis victualibus habundancia fuit in exercitu, set de pane recenti et de carne et de vino carencia fuit talis quod unus aries comparatus fuit .x. uncias argenti, et gallina tres bisancios et ovum .ij. solid.; de vino non possum vobis enarrare.

</td><td>

Memoriale, 1091 b.

Et in illo die posuerunt districte adsedium in circuitu Damiatæ, ita quod exire nec intrare poterant. Tunc remanserunt in Damiata .lxxx. millia hominum et mulierum; et fecerunt arginalem contra exercitum de biscotto, de caseo, de lardo et de aliis victualibus; de quibus habebant abundantiam; sed de pane recenti et vino et de carne frescha caristiam magnam habebant, ita quod aries unus .x. unciis venditus fuit, et una gallina .xxx. solidis, et unum ovum duobus solidis; caristiam vini non possum enumerare.

</td></tr>
</table>

On voit que ce passage vient dans le ms. Harléien après la construction du pont (voir la note sur la ligne 62); dans le *Memoriale* il est placé tout au début de l'investissement, vers le 6 ou le 7 février, ce qui est bien moins naturel. Je ne puis imaginer où le compilateur de Reggio a été prendre l'idée bizarre d'un rempart (*arginale*, voyez Du Cange) de biscuit, de fromage et de lard. — Ce qui semble se rapprocher le plus de notre relation provençale c'est le passage de Macrisi cité par Wilken (VI, 269, note 188) où est spécifiée notamment la chèreté du sucre et de l'eau.

285. — Un fait de ce genre est rapporté par le *Memoriale* (1101 b) à une époque bien plus avancée du siége (manque dans le ms. Harléien).

riens arabes, p. 404, et Wilken, *Gesch. d. Kreuz.* VI, 241, mais toute la ressemblance est dans le procédé employé, car le résultat diffère totalement d'un récit à l'autre.

1. Cf. le récit provençal l. 25 et la note.

292. — Il y a probablement ici une lacune ; l'auteur vient de dire que les Sarrazins envoyèrent au soudan des messagers, puis nous lisons que les Chrétiens arrêtent au passage, par le moyen de filets tendus en travers du fleuve, des messagers porteurs de lettres et de divers objets destinés aux principaux personnages de la cité. Ces messagers n'étaient donc pas ceux qui allaient au soudan, mais d'autres envoyés par lui.

299. — Cf. *Memoriale*, 1097 c (le texte du ms. Harl., fol. 36 v°, n'est pas très-différent) :

In nocte assumptionis Sanctæ Mariæ de Augusto, octo Saraceni fuerunt capti, qui veniebant natando ab exercitu soldani, deferentes ignem, columbos et cartas, et volebant intrare civitatem. Facto mane, ad dedecus Paganorum, auribus et naribus, cum labiis et brachiis truncatis et uno oculo extracto, ante Saracenos missi sunt quatuor. Alios quatuor sic truncatos miserunt in civitatem. Saraceni unum de Christianis ita truncatum miserunt ad Christianos.

Les mêmes tentatives sont racontées longuement, mais placées à une époque plus avancée du siége, par l'*Eracle*, p. 344-5 ; cf. aussi la lettre de Jacques de Vitri, Bongars, 1149/3.

310. — Le *Memoriale* rapporte cette tentative au jour de la Saint-Barthélemi (24 août), mais attribue son insuccès, non comme ici (l. 315) à la force du courant, mais au peu de profondeur de l'eau : « propter carentiam fluminis non appropinquaverunt civitati « (1097 d). » On peut douter de la valeur de ce témoignage, quand on voit que le ms. Harléien est d'accord avec le récit provençal : « pro nimio cursu fluminis non potuerunt apropinquare civitati (fol. « 36 v°). » Peut-être *carentiam* doit-il être corrigé en *currentiam* ?

319. — Ici commence le récit de la bataille du 29 août (voir l. 345). Tous les témoignages, moins celui du Ménestrel de Reims [1], sont d'accord avec notre relation, pour constater que les chefs de l'armée durent céder en cette circonstance à l'impatience du menu peuple : Olivier, 1139/6, 1189/38 ; *Memoriale*, 1097 d ; *Eracle*, 340.

334, 337. — Raoul de Tabarie paraît ici deux fois : d'abord à la

---

1. Le Ménestrel rejette à peu près toute la responsabilité de cette attaque inconsidérée sur l'élu de Beauvais (§§ 154 et 170 de l'éd. de M. de Wailly). Le même auteur est seul à nous apprendre que le jour de la bataille avait été convenu avec le soudan ; c'était donc une bataille *aramie* comme on disait autrefois. Mais le témoignage isolé du Ménestrel ne saurait avoir une grande valeur.

tête de 400 chevaliers pour garder les « albergas », puis à la tête de 4,000 hommes de pied pour garder les tentes. C'est une fois de trop : on pourrait le remplacer l'une des deux fois par le comte de La Marche, Hugue Le Brun, d'après le texte de l'*Eracle* rapporté plus bas. Mais en outre on ne voit pas bien pourquoi les « herberges » sont distinguées des tentes. Peut-être faut-il tout simplement supprimer les mots : « gardec las tendas mosenher en Raols de Taba- « ria. » Olivier (1139/9, 1189/41) dit simplement qu'on eut beaucoup de peine à trouver du monde pour garder le camp ; le *Memoriale* et le ms. Harléien ne sont pas plus précis ; l'*Eracle* (p. 340) dit : « Et « s'en issirent des herberges toz, fors ceauz qui estoient establi por la « herberge garder. Et a ce fere furent lessiés Hugue le Brun, « conte de la Marche, et Raol de Tabarie, seneschal du roiaume de « Jerusalem, et chevaliers et sergens assés en lor comandement. »

353. — *Glousestre* est sans doute une faute pour *Cestre* ; ici et à la l. 435. Il s'agit de Ranulph, comte de Chester, qui figure également à cette bataille dans le récit d'Olivier, 1139/5 et 1190/1. C'est donc à tort que l'*Eracle*, p. 342, le fait arriver en terre sainte en septembre seulement. Voir sur ce personnage Dugdale, *The Baronage of England*, I, 41-4.

358. — Olivier (1139/11, 1189/44) : « Ipsi vero, sublatis tentoriis, « fugam simulabant ; et cum processum fuisset a nostris adeo quod « appareret adversarios directa fronte nolle confligere, capitanei « nostri longum inierunt consilium utrum procederent an redirent : « discordia inter eos facta fuit. » Cf. aussi l'*Eracle*, 340. Le *Memoriale* manque de précision pour cette première phase de la sortie des Chrétiens.

364. — Tous ces détails manquent ailleurs ou ne sont pas donnés avec la même précision. Olivier (1139/17, 1189/49) est d'accord avec la relation provençale (l. 386) pour nous montrer les Italiens lâchant pied les premiers. Le *Memoriale* dit au contraire (1098 b) : « Sed Romani « et Latini in media acie Sarracenorum constituti, terribiliter pugna- « bant, et virtute debellabant multos Sarracenos » ; mais malheureusement cette mention honorable fait absolument défaut dans le ms. Harléien, qui en revanche caractérise énergiquement le courage des chevaliers : « Sed, propter peccata nostra et anxietate[m], sensum « perdiderunt et lumen oculorum, et unus alium interficiebat, et « nullus poterat eos hortari nec retinere. Hoc videntes Templarii et « Hospitale et omnes principes onus inimicorum sustinuerunt, ita « quod unusquisque miles fuit similis Rollando » (fol. 37).

374. — Cf. la lettre IV de Jacques de Vitri à Honorius (Martène, III, 305 c ; Bongars, 1148/49) : « Ego vero die illa absque armis, « cam cappa et superpellicio cum domino legato et patriarcha, qui « sanctam ferebat crucem, exieram. »

407. — Locution fréquente au moyen-âge (voy. la Chanson de la croisade albigeoise, vv. 1186, 3961 et 7447, et celle de la guerre de Navarre, v. 4623) que le *Memoriale* applique en une autre circonstance aux Sarrazins : « Pagani... perterriti fugam ceperunt, et « fugientes nec pater filium nec filius patrem expectabat » (1090 D).

418. — L'état des pertes qui suit est à comparer avec ceux que donnent Olivier, Jacques de Vitri, dans sa lettre à Jean de Nivelle, la relation du ms. Harléien (reproduite avec des altérations dans le *Memoriale*), l'*Eracle* et le Ménestrel de Reims. On peut supposer que ces divers témoignages découlent d'une même source, et plusieurs des variantes qu'ils offrent sont probablement dues à l'arbitraire ou à l'incurie des copistes et des éditeurs.

1° Olivier, d'après les différents textes :

BONGARS, 1139/29.

Capti sunt in illa defensione Christianitatis Belvacensis electus, et frater ejus Andreas de Nantolio ; dominus Galterus, camerarius regis Franciæ, et filius ejus ; frater Andegavensis episcopi vicecomes ; cum domino Joanne de Arcies, viro venerabili et valde strenuo, Henricus de Ulmo, et alii multi qui trucidati sunt et in captivitatem ducti.

ECCARD, p. 1414.

Capti sunt in illa defensione Christianitatis Belvacensis electus et frater ejus, camerarius Franciæ et filius ejus et vicecomes de Pulchro Monte, frater Andegavensis episcopi, cum Joanne de Aras (!) viro nobili et strenuo, et alii multi qui trucidati sunt et in captivitatem ducti.

GALE, II, 447.

Capti sunt in illa defensione Christianitatis electus Belvacensis ; Andreas de Natoli frater ejus ; vicecomes Belli Montis... ; Galterius domini regis Franciæ camerarius et filius ejus cum Johanne de Arciis viro nobili et strenuo, et alii multi qui trucidati sunt et in captivitatem ducti.

BONGARS, 1190/5.

Capti sunt in illa defensione electus Belvacensis et frater ejus, camerarius Franciæ et filius ejus, frater Andegavensis episcopi, cum Johanne Darcies, viro nobili et valde strenuo, Henricus de Ulmo, et alii multi qui trucidati sunt et in captivitatem ducti.

Les différences qui existent entre ces textes ne dépendent pas de la variété des rédactions, mais simplement de la variété des fautes commises par les copistes. On peut avec certitude restituer ce texte ainsi :

Capti sunt in illa defensione Christianitatis Belvacensis electus et frater ejus Andreas de Nantolio; dominus Galterius, camerarius regis Franciæ, et filius ejus; et vicecomes Bellimontis frater Andegavensis episcopi, cum Johanne de Arciis, viro nobili et strenuo, Henricus de Ulmo...

La suite ne diffère pas sensiblement; Bongars, 1139/33, 1190/8 :

Templarii triginta tres capti vel occisi sunt, cum marescallo Hospitalis S. Joannis et quibusdam aliis fratribus ejusdem domus; nec evasit sine damno domus Theutonicorum. Militia Templi, quæ prima solet esse in congressu, ultima fuit in regressu.

2° Jacques de Vitri :

J. de Vitri à Honorius, lettre III (Martène, *Thes.* III, 300 в).

Et ita in conflictibus illis perdidimus ducentos milites de militibus Templi et Hospitalis et aliis peregrinis, inter quos nobiles viri electus Belvacensis, dominus Walte[rius] domini regis Franciæ camerarius, filius ejus, vicecomes de Bellomonte, dominus Johannès de Archies, dominus Andreas de Esporesche, dominus Andreas de Nantuel frater supradicti electi, et alii nobiles viri, quidam capti, quidem interclusi sunt.

J. de Vitri à Honorius, lettre IV (Martène, *Thes.* III, 305 в) [1].

Capti autem fuerunt nobiles viri electus Belvacensis et frater ejus Andreas de Nantuel; dominus Johannes de Arthies, miles strenuus[2]; dominus Andreas de Espoisse; dominus Gualterius, camerarius regis Franciæ, et filius ejus; vicecomes Bellimontis, frater Andegavensis episcopi, dominus Odo de Castillione, et multi alii. Multi vero die illo coronati, ad Dominum, feliciter migraverunt.

J. de Vitri reproduit à peu près cette liste lorsqu'il annonce, dans sa lettre du 5 avril 1220, que Malec el Camel renvoya aux chrétiens : « quosdam ex nostris nobiles, quos in carcere detinebat captivos : « electum scilicet Belvacensem et fratrem ejus, et vicecomitem Belli- « montis, et Joannem de Arceis et Odonem de Castellione et Andream « de Espoisse, et quosdam de fratribus Templi et Hospitalis « S. Joannis et de domo Theutonicorum ..... (d'Achery, III, 592).

3° Maintenant passons à la relation de « Johannes de Tulbia » en ses deux formes, celle du ms. Harléien et celle du *Memoriale*. Il faut ici plus que jamais distinguer ces deux textes. Je donne en premier celui du ms. Harléien (fol. 37) :

---

1. Même texte, mais peu correct, dans la lettre à Jean de Nivelles, Bongars, 1148/44.

2. Même qualification que chez Olivier.

Et sanctus Johannes in die sua multos socios voluit habere, quia decollati fuerunt de Christianis sine numero, et secuti sunt nos usque ad fossatum nostrum, et multi Templarii [et] Hospitalarii mortui et capti fuerunt. Et in eodem die amisimus galeam unam cum marinariis. Et hoc fecit Deus ad salvandum multos peccatores, quia non exivimus de liciis nostris cum humilitate, sed cum superbia et cum magno furore [1]; et superbis Deus resistit et exaltat humiles. Modo audite qualiter Deus mortuos suscepit : Quidam Teutonicus vivus remansit et in nocte vidit totum sabulum illuminatum, et tantam multitudinem angelorum quod numerum non habebant, qui supra corpora mortuorum cantabant [2]. Isti sunt qui venerunt ex magna tribulatione, et laverunt stolas suas in sanguine agni, qui contempserunt mundum et mortui sunt pro Domino. Capti fuerunt in illa die isti barones : camerarius regis Francie, episcopus de Belvaco, Dominus Johannes de Arcia ejus frater [3], comes de Belmonte, Andreas de Pisses, Anselmus de Lui (?) cum aljis octoginta militibus. Prepositus Sancti Omerii, filius camerarii, et Siginus de Monte, cum multis aliis mortui fuerunt, et non minus mortui fuerunt de Paganis, sed campum lucrati sunt.

Il est curieux de voir ce que le compilateur du *Memoriale* a fait de ce récit. Outre qu'il en a dérangé les diverses parties, il a confondu les deux listes, celle des prisonniers et celle des tués, en une seule, mettant les uns et les autres au nombre des morts. Je laisse au compte du copiste ou de Muratori les fautes dans les noms propres :

Sed Sanctus Johannes voluit habere multos socios, quia, sicut ille fuit decapitatus propter Deum, ita decapitati sunt sine numero de Christianis : de Templariis .l. milites, de Alamannis .xxx., de Hospitalariis .xxxij., et camerarius regis Francie et filius ejus, episcopus de Belvaio et frater ejus, Johannes de Assis, comes de Belinis, Andreas de Pïsis, Anselmus de Luni, præpositus Sancti Omeri cum .lxxx. militibus, et de aliis omnibus gentibus plusquam .v. millia. Et Sarraceni secuti sunt, semper interficiendo, Christianos usque ad fossatum eorum (1098 b).

4° Eracle, p. 341 :

Bien i ot perdu chevaliers .ccc. et autre gent .iiij. mile. Il i fu pris Mile de Nantueil, eslit de Beauvais et André de Nantueil, et Gautier le chamberlain et son fiz Adam, et Johan d'Arcies, et André d'Espoisse, et Phelipe de Planci, et Mile de Saint-Florentin.

---

1. Cela se retrouve dans le *Memoriale*, 1098 c.
2. Cf. *Memoriale*, 1090 d.
3. Sic, corr. *ep. de Belv.* |et] *frater ejus, J. de A.*

5° Enfin le Ménestrel, § 157 :

La fu pris li esleuz de Biauvais, et mes sires Andrieus de Nantueil ses freres, et mes sires Jehans d'Arcies, et li sires de Loupines, et mes sires Jehans Fuinons [1], et mout d'autres prodomes.

Maintenant reprenons l'état des pertes que fournit notre récit. Il commence par la liste des personnages faits prisonniers. L'élu de Beauvais et son frère y figurent en premier lieu comme dans les trois autres récits. Cet élu était Milon de Nanteuil, comme le nomme en effet l'*Eracle*. Son frère doit s'appeler non pas *Natos*, mais André de Nanteuil [2], comme dans Olivier et l'*Eracle*. Le chambrier Gautier [3] et son fils viennent ensuite, toujours comme dans Olivier et l'*Eracle*; le nom du fils, Adam, n'étant donné que par notre relation et l'*Eracle*. En voilà quatre. — Le cinquième est Jean d'Arcis [4], qui figure à la même place dans l'*Eracle*, un peu plus loin chez Olivier. — Le sixième, André d'Epoisses [5], joint à Jean d'Arcis dans l'*Eracle* comme dans notre relation, mais non mentionné par Olivier, était, selon Aubri [6], le beau-fils (*filiaster*) de Jean. Je pense reconnaître cet André d'Epoisses dans le « Andreas de Pisses » du ms. Harléien, « de Pisis » dans le *Memoriale*. — Le septième est le vicomte de Beaumont qui, selon Olivier, était frère de l'évêque d'Angers. L'évê-

---

1. Jehans Fuinons et le sire de Loupines paraissent encore au § 151. Le premier figure dans Villehardouin (éd. de Wailly. §§ 5 et 151) parmi les croisés de Champagne. Un personnage du même nom (le même ou son fils), mentionné par Joinville à la première croisade de saint Louis (éd. de Wailly, § 392), fut bailli de Jérusalem en 1248 (*Histor. occid.* II, 437 ; une faute d'impression ou de lecture a changé son surnom en *Fainon* dans les *Familles d'Outremer* de Du Cange, p. 641). M. Longnon croit pouvoir l'identifier avec un *Jahan Fangion* qui figure dans le Livre des Vassaux, n° 1288. — Je ne connais pas le sire de Loupines.

2. Voyez sur ces deux frères, *Histor. occid. des Croisades*, II, 332, notes *c d*.

3. Gautier de Nemours, *ibid.*, note *f*.

4. Voy. le même ouvrage, p. 332 note *a*. Ses biens furent partagés entre ses frères en juillet 1222 (D'Arbois de Jubainville, *Hist. des Comtes de Champagne*, V, 183, n° 440), ce qui donne à croire qu'il mourut en captivité. M. Longnon lui a consacré dans son *Livre des Vassaux*, p. 286-7, une notice fort détaillée, dans laquelle toutefois n'est pas mentionnée sa participation à l'expédition de Damiette.

5. Epoisses, arr. de Semur, Côte-d'Or, non pas Espeissis, dans le Lyonnais, comme il est dit dans les *Histor. occid.* II, 332, note *e*. C'est lui qui figure sous la forme incorrecte de « Andreas de *Esprisa* » dans un acte de 1218, Teulet, *Trésor des chartes*, n° 1293. Il fit, étant prisonnier, une donation à l'Ordre Teutonique, voy. d'Arbois de Jubainville, *Bibl. de l'Éc. des ch.* XXXII, 65-6.

6. Ad ann. 1219, Pertz, *Script.* XXIII, 900/8.

que d'Angers de ce temps-là était Guillaume II de Beaumont, et avait en effet pour frère un vicomte appelé Raoul[1], assurément notre vicomte de Beaumont. C'est apparemment le même personnage dont le nom paraît dans le *Memoriale* sous la forme peu vraisemblable de « Comes de Belinis. » — Vient en huitième lieu un « Johans d'Ag... » que le rat, mentionné au début de ce mémoire, a défiguré au point de le rendre méconnaissable, à mes yeux du moins.

Suit la liste des morts qui n'a son pendant en nul autre récit. Elle manque dans Olivier et dans l'*Eracle* : le *Memoriale*, comme on l'a vu plus haut, confond en une seule liste les morts et les prisonniers, les supposant tous tués. Parmi les personnages des lignes 431-5 de notre relation il n'en est qu'un que je sois en état d'identifier avec certitude : c'est le prévôt de Saint-Omer qui figure aussi dans le ms. Harléien et dans le *Memoriale*. Gautier, prévôt de Saint-Omer, a sa notice dans le mémoire de M. Giry sur les châtelains de Saint-Omer, *Bibl. de l'Éc. des ch.* XXXVI, 93-4. « Il « mourut en Terre sainte, » dit notre confrère, « et probablement au « siège de Damiette en 1219. » Il y mourut certainement. Robert de Pochi, sur lequel, du reste, je ne sais rien, pourrait être le même qu'un Robert de Pequi, mentionné par Guillem de Tudèle au v. 832 de son poème sur la croisade albigeoise[2].

465. — La phrase est mal rédigée, mais en comparant avec ce qui est dit plus bas, l. 476-8, le sens devient clair : Le soudan [d'Egypte, Malec el Camel] envoie demander des secours à un sien frère et au calife de Bagdad, par un autre de ses frères. Malec el Camel avait plusieurs frères[3] et nous n'avons guère le moyen de déterminer celui qui lui servit de messager ; mais l'autre, celui à qui le secours fut demandé, devait être un puissant personnage, soit le sultan de Damas, Malec el Moaddem Cheref ed-Dîn (le *Coradin* des Francs)[4], soit Malec el Achref Moussa, gouverneur du Harrân. Le calife mentionné à la ligne suivante est En-Nacer li-Din-Illah (1180-1220). Aucune autre relation ne fait mention, à ce moment, d'une démarche de Malec el Camel auprès de ses alliés. Tous les témoignages s'accordent à dire qu'immédia-

1. *Gallia Christiana*, XIV, 572. Le sceau de ce vicomte est décrit dans la *Collection de sceaux* de M. Douët d'Arcq, n° 828.

2. J'ai proposé, dans ma traduction, Robert de Piquigny, mais cette identification est fort incertaine.

3. Voy. Aboul-Feda, *Histor. orientaux des Croisades*, I, 77.

4. A supposer qu'il ne fût pas resté devant Damiette, où nous l'avons vu à la ligne 82.

tement après la bataille du 29 août, le soudan fit des propositions de paix : Olivier, 1139/48, 1190/22 ; *Eracle* (très-détaillé) 341-2 ; ms. Harléien, fol. 37 v°, et *Memoriale* 1098 E (selon lesquels ces négociations ne furent prises au sérieux par aucune des deux parties). Selon l'*Eracle* (p. 338), Malec el Camel aurait, vers le commencement de l'investissement, appelé à son secours ses deux frères, Malec el Moaddem et Malec el Achref ; selon la chronique d'Ernoul (Mas-Latrie, p. 421) c'est à un seul de ses frères, Malec el Moaddem, et au calife de Bagdad que Malec el Camel se serait adressé.

467. — Ms. Harléien, fol. 37 v° (cf. *Memoriale*, 1098 E) : « Et solda-« nus fecit capita Christianorum excoriare, et misit ea super spaldos « et per totas provincias Babilonie, ita dicendo : Quicumque voluerit « sclavos Christianos huc accedat, quia eorum principes mortui « sunt ; alii qui remanserunt volunt fugere. »

485. — L'octave de l'Exaltation de la Croix est le 21 septembre, et tomba cette année-là un samedi. Le jeudi, le vendredi et le samedi suivants (l. 501) correspondent aux 26-8 septembre. Olivier raconte la même attaque d'une façon peu différente à la même date, 1139/53, 1190/28 ; le ms. Harléien, fol. 37 v°, et le *Memoriale*, 1100 B, en parlent aussi. L'*Eracle* ne place aucun fait d'armes entre la bataille du 29 août et la prise de la ville.

492. — Cette façon d'employer les vilains du pays (les *fellahs*) pour des opérations où il n'y avait à récolter que de mauvais coups, est encore constatée dans les mêmes lieux lors de l'expédition de saint Louis. Joinville, racontant la bataille de Mansourah, dit qu'il y avait devant lui et les siens deux sergents du roi « a cui li Turc.... « amenerent tout plein de vilains a pié qui lour getoient motes de « terres... Au darrien il amenerent un vilain a pié qui lour geta « trois foiz le feu gregois » (édit. de Wailly, Didot, § 240).

495. — Olivier (1140/1, 1190/32) dit aussi que Savari de Mauléon arriva fort à propos au moment de la lutte ; cf. *Memoriale* 1099 A ; manque dans le ms. Harléien. Il y a dans l'*Eracle*, p. 343, une longue liste des chevaliers arrivée en septembre.

540. — Notre relation parle avec une singulière brièveté des propositions de paix des Sarrazins. Ces propositions, que le légat fit rejeter, avaient paru acceptables au roi Jean de Brienne et à beaucoup d'autres ; voy. Olivier, 1140/32, 1191/5. Selon l'*Éracle*, p. 341-2, ces propositions furent portées par deux messagers sarrazins ; selon le Ménestrel par deux des prisonniers faits à la bataille du 29 août, André de Nanteuil et Jean d'Arcis (éd. de Wailly, § 167) ; cf. ci-dessus, p. 557, le texte de J. de Vitri.

529. — Nos divers récits sont au fond d'accord sur cette tentative du soudan afin d'introduire dans la ville quelques centaines d'hommes d'élite, Olivier, 1140/39, 1191/13 :

Interea Soldanus magnam multitudinem peditum clanculo per loca palustria misit ad civitatem, quorum .ccxl. Christianis dormientibus fuerunt ingressi Dominica nocte post festum Omniun Sanctorum (*cf. l.* 536), tandem, per clamorem vigilum, occisi sunt ; et captivos ad .ccc. et plures computavimus. *Ainsi p.* 1140, *mais p.* 1191 : præ clamore vigilium, cæsi sunt et capti, quos ad .cc. et plures computavimus.

Voici maintenant le récit de Jacques de Vitri qui se retrouve dans la lettre de Gilles de Lewes[1] :

J. de Vitri à Honorius, lettre IV (Martène, *Thes.* III, 306 c).

Noveritis bellatorum qui erant in civitate Damiatæ .xlv. millia in prima obsidione illius, præter parvulos, decrepitos et mulieres, qui fuerunt .xxxv. millia computati, et præter .cccc. bellatorum qui missi fuerunt a soldano ad succursum Damiatæ, de nocte, per terram ; quos fere omnes in manibus eorum (*lis.* suorum) fidelium ad honorem sui nominis, miraculose Dominus conclusit ; quia, dum per castra nostra ingrederentur, ut infra civitatem reciperentur, nostri eos perceperunt, et .c. et .xxxviij. ex eis interfecerunt, et circiter .xxx. ad exercitum soldani reversi sunt. Residui vero sese infra civitatem receperunt.

Gilles de Lewes aux fidèles du Brabant et de la Flandre. 10 nov. 1219 (Martène, *Thes.* I, 875 A B).

...quæ (Damiata), sicut captivi in ipsa reperti asseverant, munita extitit, quando primo obsessa fuit in gyrum, .XLV. millibus bellatorum, præter decrepitos, parvulos et mulieres, qui fuerunt ultra .XV. millia æstimati. Præter predictos vero, pridie captionem civitatis .CCLX. de nocte civitatem intraverunt missi a soldano, et .CC. qui eadem nocte reperti fuerunt, a nostris sunt interfecti ; quos omnes communiter, sed diversimode, in manibus suorum fidelium Dominus miraculose conclusit. Civitas autem sancta Jerusalem...

(*La suite se rapporte à un autre sujet.*)

Joannes de Tulbia introduit, à son ordinaire, un élément merveilleux dans le récit :

Ms. Harléien, fol. 38.

Tercia die intrante Novembris (*sic*), in die dominica[2], ad mediam

Memoriale, 1101 D.

Et die tertio soldanus et Corradinus miserunt .DC. Sarracenos

---

1. Pour le dire en passant, la lettre de Gille de Lewes est la source directe ou indirecte que le dernier éditeur d'Aubri de Trois-Fontaines, M. P. Scheffer Boichorst, a vainement cherchée pour quelques lignes d'Aubri, à l'année 1218 : voy. Pertz, *Scriptores*, XXIII, 908, note 87, et ci-après, p. 564.

2. Le 3 novembre 1219 était en effet un dimanche.

noctem, venerunt multi Sarasceni
et intraverunt licias nostras, et
volebant intrare in civitatem, et
nullus videbat eos. Et Dominus
inspiravit quandam mulierem, et
exivit foras, et sentivit eos, et
exierunt Christiani nudi et vestiti,
et Templarii et Hospitalarii qui
erant ad capellam; et ipsi Sarasceni intraverunt in locis aquosis;
et ibi fuerunt .cc. et[1] capti .lx. et
.ccxl. intraverunt in civitatem et.
alii fugerunt retro; et tunc mulieres occidebant eos sicut homi-
nes. Et Christiani pactum respue-
runt, et projecerunt capita mortuorum foras ante soldanum et corpora ante muros civitatis , ut
magis dolerent.

intraturos Damiatam , qui sortiti
fecerunt tres scheras inter se, ita
dicendo : « Si quis intraverit,
« remittat nontium, ut venientes
« intremus cum illo. » Sed Dominus, qui jam præliaverat et inter-
fecerat .iiij^{xx}. millia hominum et
mulierum, volebat quod illa civitas
consecraretur ad honorem suum
et beatæ Mariæ Virginis et omnium
Sanctorum , et voluit destruere
inimicos Crucis. Saraceni, qui
erant inter exercitum et civitatem
veniebant tantum per aquosa loca,
et quædam femina sentivit eos et
cœpit cridare : « Arma! Arma ! »
et casu accidit quod Templarii et
Hospitalarii surrexerunt ad matu-
tinum, qui, pro Christi nomine non
laborem, non mortem, non jacula
aliqua minime formidantes, cucurrerunt et interfecerunt .cc. de
Saracenis et .xc. capierunt (?) ;
alii vero redierunt; et tunc confu-
dit Deus inimicos Crucis. Et acceperunt Christiani capita Saraceno-
rum, et projecerunt ea ante soldanum , et corpora ante fossatum
civitatis, ut magis dolerent.

Selon l'*Eracle* (p. 345) les Sarrazins qui risquèrent l'aventure
auraient été au nombre de 300, qui furent tués ou pris, à l'exception
de 53 qui réussirent à entrer dans la cité.

546. — Cf. la fin du passage de J. de Tulbia cité à la note précédente.

559. — C.-à-d. le jour même de la S. Leonard (5 novembre) qui
était en effet un mardi en 1219. Même expression à la l. 652. —
Le récit d'Olivier (1140/43, 1191/17) est ici très-bref :

Nonas novembris, Salvatore mundi regnante et domino Pelagio
Albanensi episcopo Apostolicæ sedis legatione fungente, solerter et vigi-
lanter capta est civitas Damiatæ absque deditione, sine defensione,

---

1. Le *et* est exponctué. Il est cependant à garder, et il faut restituer au-devant
quelque chose comme *interfecti*.

sine violenta deprædatione cum tumultu, ut soli filio Dei ascriberetur evidenter victoria...

Ecoutons maintenant J. de Tulbia (ms. Harléien, fol. 38) :

Quinto die intrante novembris (*sic*), in vigilia S. Leonardi, die martis, in media nocte, in qua hora Christus expoliavit infernum, Latini posuerunt scalam super murum, et intraverunt in eam. Cumque una scala fuit ad murum opposita, fracta est, et .v. Christiani remanserunt intus et visi fuerunt a Sarascenis, et clamaverunt : « Adjuva nos, sanctum Sepulcrum et vera Crux ! » Et venit alia scala, et Christiani, sicut angeli, catervatim ad obsequium Crucifixi ascenderunt, et vexilla sancte crucis in ea posuerunt. Pagani in tres turres se congregaverunt et projecerunt ignem super bertrescas, eo quod ignis et fumus esset signum soldano ut eis succurreret. Tunc infremuit totus exercitus Christianorum qui erat in sabulo, quia ins (*sic, corr.* nil?) inde sciebat, et vidit tam magnum ignem in civitate. Tunc armis se munierunt et ad licias defendendum cucurrerunt, et omnes, principes, clerici, laici, mulieres, infantes, potenciam Domini exorabant, et beatam Mariam cum omnibus sanctis, et beatum Leonardum rogabant, ut Damiata, que olim fuit spelunca latronum, cathena captivorum, domus scortorum et sodomitorum, et ubi Mahumet adorabatur, esset domus Dei et oratorium Christianorum.

Ce récit a été fort abrégé par le *Memoriale* (1102 c). — L'*Eracle* (p. 345), évidemment mal informé, dit que quatre sergents ayant pénétré par une brèche dans la tour « du canton », la trouvèrent sans défense, et informèrent de cette circonstance le roi Jean de Brienne, qui à son tour en informa le légat et les « riches hommes » de l'ost. Le Ménestrel de Reims a un récit analogue, avec cette différence qu'il ne mentionne même pas le légat (§ 171). — Mais Gilles de Lewes, qui était attaché à la personne du légat, confirme pleinement le récit provençal, en ce qui concerne l'initiative du légat Pélage (Martène, *Thesaurus*, I, 874 c d ; cf. Aubri de Trois Fontaines, Pertz, *Script.* XXIII, 908) :

Cum enim, propter multiplicem sui defensionem, non per terram nec per aquam posset capi civitas Damiatæ, et jam quasi de ejus captione desperaret exercitus christianus, [tandem, Deo propitiante [1],] nec de virtute vel probitate alicujus viventis, sed solius Dei dextra mirabiliter pugnante pro nobis, ignorantibus omnibus de exercitu, *præter dominum legatum, qui per suos familiares et quosdam de stipendiariis suis negotium provide et prudenter procuravit* [2], nonis novembris [3], intempestæ noctis

1. J'ajoute ces mots d'après Aubri.
2. Les mots qui précèdent, depuis *ignorantibus*, manquent dans Aubri.
3. « Sexto idus novembris » Aubri.

silentio, furtive sed tamen pie, immo potius miraculose, capta est Damiata; adeo quod in captione ejus nec unus de nostris extitit interfectus, nec etiam, quod minus est, vulneratus, preter unum qui tanquam flebotomiæ ictum sagittæ recepit in pede.

J. de Vitri est encore plus explicite (Martène, *Thes.* III, 302 ʙ ᴇ) :

Unde dominus legatus non sustinuit amplius expectare; paucis tamen quod conceperat revelavit, scilicet quibusdam clericis suis et militibus de familia sua, in quibus confidebat . . . . . . Unde factum est quod, nullis ex nostris interemptis, uno autem leviter vulnerato, Dominus in manus nostras miraculose tradidit civitatem, gloriam suam alteri non dedit, triumphum vero S. Romanæ ecclesiæ et ejus legato et Christianitati tradidit.

604. — J. de Tulbia (Harl. fol. **38** v°, cf. *Memoriale*, **1103** c) va jusqu'à dire que dans sa fureur le soudan fit couper la tête de ceux qui lui annoncèrent la prise de la ville.

605. — J. de Tulbia (Harl. fol. **39**) :

Et platee tote et domus erant plene de cadaveribus, quia ibi erant .lxxx. milia de Sarascenis mortuis, et de vivis non erant nisi .x. milia, et de sanis non erant nisi tria milia; et unus alium sepelire non valebat. Et tot fuerunt cadavera quod nullus poterat sufficere ad proiciendum in flumen, et quicumque volebat tria corpora proicere in flumen extra civitatem, dabatur ei bysancium unum.

Abrégé et remanié dans le *Memoriale* (**1103** ᴀ). J. de Vitri (Martène, *Thes.* III, 304 ʙ) donne des chiffres assez différents qui se rapprochent de ce qui est dit plus bas, l. 613 et 616, dans la relation provençale : « Capta civitate vix .iij. millia Sarracenorum invenimus, « inter quos vix .c. sani remanserunt qui possent defendere civi- « tatem. »

615. — Il y a ici une discrète allusion aux réclamations et aux désordres que souleva la répartition du butin; voir J. de Vitri (*Thes.* III, 303 ᴇ), et plus bas la note sur la l. 629.

622. — Le chiffre de **400** est aussi celui que donne J. de Vitri (*Thes.* III, 304 ᴀ), ajoutant que les autres prisonniers furent vendus aux chrétiens à l'exception des enfants, qui furent baptisés. Des détails analogues, mais moins précis, se trouvent dans Olivier (**1142/42**).

629. — Les détails qui suivent sur la répartition du butin sont entièrement confirmés par J. de Tulbia, qui de plus nous apprend que cette opération n'eut lieu qu'en janvier **1220**, à la suite de débats qui dégénérèrent en luttes à main armée. J. de Tulbia, après avoir conté comment les chrétiens entrèrent sans coup férir dans Tanis le jour de la S. Clément (**23 novembre**), poursuit ainsi (Harl. fol. **40**) :

In hiis .v. diebus orta est magna discordia inter legatum et regem, propter quod rex petebat dominium civitatis, et legatus noluit ei concedere, et propter thesaurum quod nolebat reddere. Et in tantum intravit (*corr.* increvit) discordia inter illos et inter totum exercitum quod rex armavit tres galeas. De exercitu volebat recedere et omnes sui secum. Hoc videntes [1], consiliati sunt ei dare civitatem usque ad adventum pasagii Imperatoris et jussum Rome et libertatem Christianorum. In die S. Thome (**21** *déc.*) tantum erat cor eorum de auro obcecatum quod nolebant dare nisi .vj. bysancios cuilibet de exercitu. Inde totus exercitus armatus fuit, et Romani et Latini intraverunt civitatem, et acceperunt omnes turres, et foras turpiter projecerunt Francigenas; et multi fuerunt vulnerati et mortui ex utraque parte. Totus exercitus armavit se, et omnes putabamus in illa die esse dispersi (*corr.* dispersonati ?). Tunc dominus legatus posuit pacem in omnibus, et civitas fuit assignata Regi et Alamannis, salvo jusso Imperatoris, et promiserunt integram porcionem dare. In die Epiphanie (**6** *janv.* **1220**) iterum totus exercitus armatus fuit, et cucurrerunt ad dominum legatum, et volebant eum occidere. Postea venerunt dicentes quod delusi erant a militibus [2] : omnes se armaverunt et venerunt ad dominum legatum, et dixerunt ei : « Domine, da nobis porcionem civitatis. » Et ipse dixit eis : « Quicquid habeo daturus sum vobis, sed nichil alii volunt vobis dare. « Ite, et habeatis consilium. » Et ex alia parte Rex, Templum et Hospitale et omnes Franci se armaverunt et intraverunt in civitatem, et turpiter foras projecerunt Latinos; et in illa die magnum insultum dederunt civitati; et multi christiani fuerunt vulnerati, et quidam ex illis dicebant : « Mittamus ad Soldanum ut veniat. » Ad (*corr.* At) principes ceperunt dare porcionem ad eorum libitum, militibus .xxiiij. bysantios, sacerdotibus et Tricoplis .xij., clientibus (*corr.* servientibus) .vj., mulieribus et pueris .iij. Et sciatis quod centum milia Christianorum erant scripta in exercitu.

Tout ce récit est réduit à quelques lignes dans le *Memoriale* (**1103 E**). L'assertion de J. de Tulbia que l'armée chrétienne comptait cent mille hommes est visiblement exagérée, dût-on dans ce nombre compter les femmes. Les chiffres de la relation provençale (l. **633-6**) sont plus vraisemblables.

643. — Le comte de Guillaume Longue-Épée, fils du roi Henri II, n'arriva qu'en septembre **1219**, en même temps que Savari de Mau-

----

1. Il semble qu'il manque un sujet.
2. *Postea ... militibus* est peut-être une phrase incidente.

léon selon l'*Éracle*, p. 342-3 ; il ne peut donc avoir été présent au débarquement en 1218. Sans doute l'autorité de l'*Éracle* est souvent contestable (voir la note sur la l. 353), mais ici, néanmoins, il y a lieu de supposer dans la relation provençale soit un *lapsus* de l'auteur, soit une erreur de traduction ou de copie : à la place du comte de Salisbury il faut mettre celui de Saarbrück, qui, en effet, avait eu le commandement de l'expédition au moment de son débarquement devant Damiette; voy. Olivier, 1132/29.

§ 7. — Glossaire-index.

Abandonar réfl. 708, s'abandonner, perdre courage.

acorre 8, secourir.

acors 611, secours.

Acre, 7, 636, 751, 759, 765, 769, 775.

adaitz 779, à l'aise, content.

adaizar réfl. 28, s'accommoder, s'arranger de quelque chose.

Adams, fils de Gautier le chambellan, 426.

afrevolezir réfl. 776, s'affaiblir.

agutz, pour **estatz**, 453.

alabartz 35, sous-selle, probablement la même pièce de harnachement que le **sudarium** d'Al. Neckam, Wright, *A Volume of Vocabularies*, pp. 99 et 108. Mot d'origine arabe, voyez Du Cange, et Diez, *Étym. Wœrt.* sous **barda**.

albercs 245, **aubercs** 214, hauberts placés sur les ponts volants pour les garantir contre le feu grégeois.

Alexandria 685.

anchoras 69, **ancoras** 90, ancres.

André de Nanteuil (ms. Natos) 425.

Andreus de l'Espoisen 428, André d'Epoisses.

Annan lo filh d'Isahac 688, médecin arabe auteur d'une prophétie.

arezat 356, en ligne, anc. franç. *areé.*

atrasag (restitué) 799, sûrement. Diez, *Wœrt.* **entresait.**

attenhatz (= **atahinatz?**) 516, empêchés, retardés.

aubercs, voy. **albercs.**

avol 268, mauvais, malveillant.

Babilonia 711, 714, 790, 826, 830, 833, 840, 846.

baneyra senhors de, 420.

barcas 67, **barchas** 347, barques.

Baruth 736, Beïrout.

batalhaz, fortifié; pont **batalhatz** de grands arbres 72, tours **bathalhadas** 122.

Baudrac, Bagdad, la califa de — 466, 475, 704.

bausan 232, l'étendard du Temple, voy. Wilken, *Gesch. d. Kreuzzüge*, VI, 27.

Belmon, Beaumont, Ille-et-Vilaine (?), le vicomte de — 428.

bertresca 29, 175, bretèche.

Beuvays (Beauvais), l'élu de — 424.

brandatz 72, Raynouard n'a enregistré **brandar** qu'au sens d'agiter, brandir, mais on trouve en anc. fr. **brant** avec la signification d'éperon de navire (Jal, *Glossaire nautique*). De là se déduit le sens que ce mot a ici, celui de garni d'un éperon, protégé par un ouvrage en pointe destiné à garantir le pont. L'origine de **brant** « éperon » est la même que celle de **brant** « épée » (Voy. Diez, *Wœrt.* I **brando**).

Cadafalcs, échafauds, hourds, 118, 121, voy. la note de la l. 118.
Caire, le — 11, 685, Quaire 820.
calar 129, 218, abaisser [des échelles sur un mur]; Diez I, **calare**, Littré, **cale** 1, manque à Raynouard.
Califa, la — Voy. Baudrac.
Campanhes 384, Champenois.
caronhada 826, charogne.
caronhier, auzel 522, oiseaux carnassiers.
Cayfas 759, Haïfa.
ceba 280, cive.
coberturas de fer 414, armure.
coca 90, 111 (restitué), 114, 131, 223, **coqua** 88, coque. « La coque était un vaisseau rond, large à l'avant et à l'arrière, ayant un maître-bau très-grand comparativement à la quille, haut sur l'eau, et profond à peu près autant que large ». Jal, *Dict. naut.*
coffin 92, **cofin** 224, pannier. Jal, *Gloss. naut.*, cite un texte d'où il résulte qu'au phare de Gênes on employait un « coffino » pour signaler l'arrivée des navires.
collar 93, 224, faire couler, glisser.
comu, gens de — 56,
Coradins 82, Malec el Moaddem Cheref ed Din, sultan de Damas.
cosir 249, coudre.

crotz 403, creux, fossé.
cuer 119, 124, 126, cuir.

Damian 698, nom d'homme.
Damiata 3, 529, 672, 684, 815.
Daron 736, Ed-Daroum, au sud de Ghazza.
Domas 685, 717, 720, Damas.

Enpenchas 223, appliquées, part. d'**empenher**.
envoutas 295, enveloppées.
escalas 563, échelles; 87, 111, 123, 128, 213, etc., ponts volants qui s'abattaient d'un navire sur un rempart; voy. Jal, *Glossaire naut.* **escala** 1, es**chielle**.
Escalona 732, Ascalon.
esclaus 237, 620, esclaves.
esfortz 82, 487, 776, force, puissance résultant du nombre.
esforzatz 81, solidement établis, fortifiés.
esmagar 303, épouvanter.
Espitals 61, 177, 161, 381, 383, 421, 573, 618, l'Hôpital de Saint-Jean-de-Jérusalem.

Flaquatz 221, brisés, ou au moins étourdis [par une chute]. Diez, *Wœrt.* **fiacco**.
foc grezesc 127, 246, 296, 414, 504, feu grégeois.
folgre 769, foudre.
Frances 354, 383.
Fransa 727.
freolir 704, *s'affaiblir.*
front, a — 71, de front.

Gage 341, testament.
galea 73, 347, galère, anc. franç. **galée, galie**. Voir ces deux mots dans Jal, *Gloss. naut.*
Gautiers camerlencs 426, Gautier le chambellan.

genhs 145, 183, 190, 211, 216, engin, machine de guerre en général.

Genoes 87, Génois.

Glousestre, coms de — 353 (note), 383, 435.

Goth, terra de — 841. Est-ce la « terre de Gor » mentionnée dans l'*Eracle*, 324, c'est-à-dire le Ghour, partie de la vallée du Jourdain située entre le lac de Tibériade et la mer Morte? ou est-ce el Goutha, pays cultivé qui s'étend au sud de Damas?

Gui de Gibelet 541 (note) seigneur français.

Guillemes de Elisem 434, seigneur français.

Guillemes Tu... 432.

Hespitals de Sanch Johan, voyez Espitals.

Jherusalem 747, 773, 829.

Johans, le reys — le roi Jean de Brienne, va reconnaitre les abords de Damiette, 48; délibère, avec d'autres chefs de l'armée, de faire construire un pont sur le Nil, 60; ses gens défendent une machine de guerre, 207; on lui amène un émir prisonnier, 255; sa douleur quand ce prisonnier s'est échappé, 265; n'est pas d'avis d'aller attaquer les Sarrazins dans leur camp, 324; lui et les autres barons sont à ce propos insultés par la foule, 329; charge les Bédouins, 370; soutient la retraite, 382; couvert de feu grégeois, 414; ne sait rien de l'entrée des gens du légat dans Damiette, 567; sa bannière arborée sur la ville, 597; était venu à Damiette par la voie de terre, 639.

Johans d'Ag... 429.

Johans d'Arsis 427 (note).

Lans 120, trait [de pierre], indique ici une distance.

Legatz, le —, 376, 561, 569, 624.

lins 73, bateau à rames, voy. Jal, *Gloss. naut.* **lin.**

lopjar réfl. 76, 83, se loger.

Lombart, li — 387.

Maganhar, magganat 150, **maganhatz** 194, **maganavan** 399, blesser, estropier. Diez, *Wœrt.* I, **magagna.**

manesc, tornar a — 151, s'arrêter; probablement le même mot que l'adj. **manecs**, Raynouard, IV, 150.

manganels 114, 144, 179, mangoneau, machine de jet.

maomaria 92, mosquée.

menazon 26, dyssenterie.

menuda, gens — 235, 328, 377, 422, le commun des croisés.

mesiris 425, **messere** 427, messire.

Mestol, le filh del — 3, 9, Eimad ed-Din Ahmed Ibn el Mechtoub.

Moli del Temple 307.

moton 186, 196, 201, bélier. Gilles de Rome *De re militari Veterum*, ch. xix (Hahn, *Collectio Monumentorum*, I, 52) : « Vocatur « *aries* testudo quædam ligno- « rum, quæ, ne igne combu- « ratur, crudis coriis cooperitur. « Sub hac enim testudine..... « potior (ponitur?) trabs, cujus « caput ferro vestitur; appel- « latur *aries* quia, ratione ferri « ibi appositi, durissimum habet « frontem ad percutiendum. » Dans un des mss. du Diction-

naire de J. de Garlande «arietes»
est glosé par « mutuns ». *Jahrb.
f. roman. Literatur*, VI, 311.

Natos, voy. André.
navilis 30, flottille.
Nivers, comte de — 180 (note). Le
comte de Nevers.
nivols 754, nuage.

Omplir, voy. **umplir**.
Ostielriche, le duc d' — 60 (note),
166,173,639, le duc d'Autriche.

Palmareda 27, lieu planté de
palmiers.
patriarcha, le — 375, le patriarche
de Jérusalem.
pertega 93, perche. Raynouard
(IV, 519) n'a que **pergua**. Il
est probable que **pertega** a
d'abord été proparoxyton, conformément à son étymologie,
puis qu'il est devenu paroxyton,
conformément à l'analogie. De
même **portégue** et **porgue**
(Raynouard, IV, 604), **feména**
(*Leys d'amors*, II, 6), **perségua**,
padéna, **sabéza** (accentuation
controversée, voy. *Leys*, I, 90),
Fabrégas (lat. **Fabricas**), nom
de lieu, **lagréma**. Cf. aussi
escortegar et **escorgar** (Raynouard, II, 528-9), **mastegar**
et **maschar** (Raynouard, IV,
163).
Pissas 87, Pisans.
pogner 372 (restitué), 394, 396,
éperonner, charger.
pont 31 (note), passerelles des
navires.
por, gitar — 373, anc. fr. **geter
puer,** jeter loin de soi. Diez,
Wœrt. II c.
port 159, façon, apparence.
preison 615, prise [de la ville]; 621,

prison, état de prisonnier; 624,
butin.

Quaire, voy. Caire.
quatz, quaz 132, 136, 186, 206,
chat, machine de guerre; voyez
le vocab. de mon édition du
poëme des Albigeois, et Du
Cange (Didot), VII, 345 a.

Rampalm 136, 248, le jour des
Rameaux.
Raols de Tabaria 334 (note), 337.
rauba 19, butin.
razon, far — 141, calculer, compter.
redargar 49, examiner, reconnaître [les positions de l'en-
nemi]?
respieg 610, répit, **per** — 344,
dans la pensée.
restobles 147, chaume. Il y a
dans Raynouard, **estobla** (III,
220) et **restolh** (VI, 4), qui s'est
conservé dans les patois : Hon-
norat, **rastoul, rastoulh, res-
touble**; Couzinié, *Dict. castrais*,
restoul, restoulho.
Robert de Pochi 433.
Roman 162, 199, 201, 365, 368,
386, 565.

Sablon 22 (note), 78, 154, 160, 774.
Sageta 737, Saïda, l'ancienne
Sidon.
Salabeyras, lo comte de — 643
(note).
Saladin, 681.
Sani, terra de — 842.
Sant Omer, lo prebost de — 431.
Sarrazin, 16, 18, 23, 32, 42, 44,
83, 96, etc.
Savarix de Malleo 496.
Soudans, lo —, le soudan Malec el
Camel; est abandonné par le
fils de Mechtoub, 2; s'éloigne

de Damiette, 13 ; laisse une garnison dans la ville, 54 ; ne s'op-
pose pas à la construction du
pont, 80 ; les assiégés lui font
des signaux, 94, 225 ; essaie
d'introduire dans Damiette un
de ses émirs, 247 ; envoie ses
lettres par pigeons, 304 ; envoie
demander des secours à son
frère et au calife de Bagdad,
464 ; attaque le camp des croisés, 485 ; essaie d'introduire 500
Sarrazins dans Damiette, 429 ;
sa douleur à la prise de la ville,
600.

Sur 740, Sour, l'ancien Tyr.

Surias, us — 679, syrien qui dé-
couvre une prophétie écrite en
arabe.

Tabaria 723, 724, Tabarié.

Temples, le — 60, 166, 229, 325,
353, 383, 421, 573, 618 ; le moli
del — 307.

Tenez, Tanis, ville de la Basse-
Égypte, à l'est de Damiette ; la
porte de — 161.

tor de l'amiralh 222, — Blanca
161 (restitué), 178 (note), 198,
206, — del flum 648, — reonda
e blanca 168, — sobre
l'ayga, 586.

toron 85 (note), 163, 708, « collis
cacuminatus et rotundus. » Du
Cange. Manque à Raynouard.
Mot très-fréquent, notamment
dans les noms de lieu, en Terre-
Sainte ; voy. la table du t. II des
Histor. occid. des Croisades. L'origine et même le sens propre de
ce mot me sont obscurs. Le sens
constaté au moyen âge est conservé dans **touroun, turon,
touronnet,** qui désignent « des
cimes secondaires dominées par
une montagne plus haute »
(Peiffer, *Légende territoriale de
la France*, p. 181). Mais d'autre
part les Tourons et noms dérivés,
qui sont nombreux dans le midi
de la France, paraissent désigner le plus ordinairement une
source ou un ruisseau ; voy. le
Diction. topogr. de la Dordogne,
Touron (le), le *Dict. topogr. du
Gard*, Touroucblles (les), le
Dict. topogr. des Basses-Pyrénées,
Tourrieu (le). Dans la Haute-
Provence **touroun,** selon Hon-
norat, désigne une grande auge
en bois qui tient lieu de bassin
ou de fontaine. Turon, ancien-
nement Touron, est fréquent
comme nom de lieu dans les
Basses-Pyrénées, et paraît désigner une lande.

Toscan, 387.

trabuquetz, trabuchetz 158,
159, 165, 176, 181, 190, 195,
565, trébuchet, machine de jet.

Turc 46, 134, 137, 712, 809.

Umplir 133, **omplir** 187, emplir.

Vallatz 98, 133, 187, 193, 200,
408. **valhat** 145, 153, 411, fossé.
La pente en était assez douce
pour qu'on y pût entrer à cheval, 98.

Venecian 86.

vilhas 492, vilains d'Égypte, fellahs.

volpill 730, lâche.

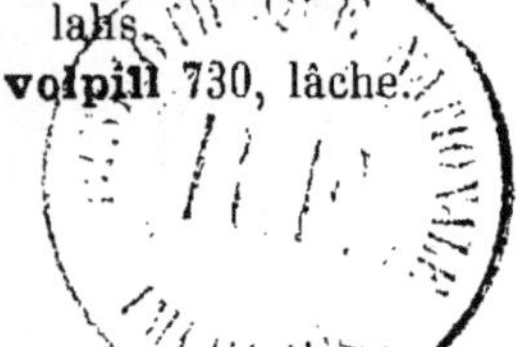